Luiz Carlos Mariano da Rosa

I0147558

O Direito de Ser Homem

Da alienação da desigualdade social
à autonomia da sociedade igualitária
na teoria política de Jean-Jacques Rousseau

Politikón Zôon Publicações

Politikón Zóon Publicações

Luiz Carlos Mariano da Rosa

O Direito de Ser Homem

Da alienação da desigualdade social à autonomia da sociedade igualitária na teoria política de Jean-Jacques Rousseau

Politikón Zôon Publicações

2015

Politikón Zôon Publicações
1ª edição
Setembro de 2015

Capa: Vick Rô [reprodução digital de *Le Serment du Jeu de Paume* (20 juin 1789), 1848, Louis-Charles-Auguste Couder, Musée de l'Histoire de France, Versailles]

Dados Internacionais de Catalogação na Publicação (CIP)
Politikón Zôon Publicações

Rosa, Luiz Carlos Mariano da, 1966-

R7881d   O direito de ser homem: da alienação da desigualdade social à autonomia da sociedade igualitária na teoria política de Jean-Jacques Rousseau. - São Paulo: Politikón Zôon Publicações, 2015.

Inclui bibliografia
ISBN 978-85-68078-02-0

1. Rousseau, Jean-Jacques, 1712-1778. 2. Ciência Política. I. Título.

CDD-320

32

Índice para catálogo sistemático:

1. Ciência Política 320

Politikón Zôon Publicações
Caixa Postal 436, Centro, São Paulo, CEP: 01031-970, Brasil

Ao *Deus-Homem* Jesus Cristo.
À minha família:
Val (*in memoriam*),
Nísia e Victoria.
Ao meu pai José Mariano da Rosa (*in memoriam*)
E à minha mãe, Maria de Lurdes.

Pois a liberdade não é um presente que a bondosa natureza deu ao homem desde o berço. Ela só existe na medida em que ele próprio a conquistar, e a posse dela torna-se inseparável desta conquista constante. Por isso, o que Rousseau exige da comunidade humana e o que ele espera de sua estruturação futura não é que ela aumente a felicidade do homem, o seu bem-estar e os seus prazeres, mas assegure-lhe a liberdade devolvendo-o assim à sua verdadeira determinação. [Ernst Cassirer]

SUMÁRIO

PREFÁCIO

Se a precedência cronológica do *Discurso sobre a Origem e os Fundamentos da Desigualdade entre os Homens*, concernente à sua inter-relação envolvendo *Do Contrato Social*, guarda correspondência com uma condição de anterioridade de caráter lógico ou sistemático, que se impõe como resultado de uma análise que se detém nas fronteiras do *ser*, a sua emergência não encerra senão a acepção de *pars destruens* da teoria política de Rousseau, cuja totalidade orgânica e unitária implica uma articulação que traz *Do Contrato Social*, sob o sentido normativo do *dever ser*, como a sua *pars construens*, que carrega a proposta de uma formação social que possibilite a coexistência em sua constitutividade fundamental da liberdade e da igualdade.

Escapando ao sentido que o encerra sob a acepção de uma convenção contingente, o pacto social não se impõe senão como o ato necessário do sujeito no sentido de *fazer-*

11

se social[1], constituindo-se uma consequência lógica para a qual converge o processo de legalização que envolve a própria natureza no seu desenvolvimento ou o "social", perfazendo um resultado que, na mesma perspectiva, implica o desejo ou o "econômico"[2], que emerge em uma determinada situação, a saber, no âmbito da generalização

---

[1] Convergindo para o momento fatal da contradição, a saber, o que implica *a guerra de todos contra todos*, a transformação em questão envolve um processo que não guarda correspondência senão com as leis naturais e a sua determinação, sobrepondo-se à perspectiva que atrela a referida mudança, a alteração do estado até então em vigor, ao arbítrio dos indivíduos, à medida que a instauração da "sociedade civil" através do contrato assinala, segundo a leitura de Rousseau, a conversão do desejo em um tipo de vontade que acena com um interesse que não se circunscreve ao âmbito particular e tem por fim o interesse do corpo moral e coletivo ora constituído, qual seja, a Vontade Geral: "Assim, o desejo do homem natural se suprime como paixão, e de passivo - enquanto determinado apenas pelas carências -, se transforma em ativo, na forma da vontade do homem civil, constituidora da totalidade política, enquanto Vontade Geral." (Cardoso, 1975, p. 46)

[2] "Estamos no mundo da produção material, explorado sobretudo pelas categorias daquela 'ciência social' que, após Adam Smith, Ricardo e Marx, definiu-se sob a denominação de 'economia política'. A legalidade desse mundo, Rousseau a encontra na lógica do *desejo* (no seu embate com os eventos), nas transformações do homem caracterizado fundamentalmente pelo *desejo*." (Cardoso, 1975, p. 36, grifos meus)

da guerra, carregando o contrato, dessa forma, uma condição que transpõe as fronteiras do arbítrio e da liberdade moral[3], cuja criação com a sua instrumentalidade guarda correspondência, não havendo possibilidade de se lhe anteceder, tornando-se, então, um produto das leis naturais em sua determinação na situação-limite da contradição[4].

Detendo-se na questão que implica a superação do estado de natureza, o texto sublinha que, divergindo da leitura antropológico-filosófica que caracteriza a construção sociopolítica que não traz como fundamento senão a

---

[3] "Não estamos aqui, diante de um mero 'contrato', no sentido de uma convenção contingente, de um simples 'acordo', determinado pelo arbítrio dos indivíduos (caso em que a Vontade Geral poderia ser uma vontade comum de loucos, segundo o argumento de Hegel contra as teorias contratualistas, entre as quais insiste em ver a de Rousseau)." (Cardoso, 1975, p. 46).

[4] O que não implica senão no contraste que caracteriza o pensamento de Rousseau quanto à sua época, mantendo-o, embora paradoxalmente, à margem da ideologia do contrato, tendo em vista a sua concepção de mutação total envolvendo o estado social em relação ao ser humano.

13

existência de indivíduos ontologicamente isolados [5], o individualismo, que emerge através da leitura de Hobbes e de Locke, a concepção rousseauniana circunscreve ao processo de socialização a possibilidade no tocante à instauração e ao desenvolvimento das determinações essenciais que, envolvendo desde o pensamento racional até a linguagem articulada, além do sentimento moral, escapam ao estágio natural e perfazem a condição humana (do homem enquanto homem).

Nesta perspectiva, pois, o ser social não se impõe senão como uma ruptura de caráter não acidental, necessária, em face da sua própria natureza, diante da natureza em geral, que demanda uma refundição, o que implica em uma relação dialética envolvendo o homem e a

---

[5] Convém salientar que, longe de ter como fundamento "indivíduos" sob condição de separação, o que se impõe à leitura rousseauniana é um "estado de natureza" de caráter hipotético, cujo postulado teórico emerge como o oposto "dialético" do estado social através de uma relação que, sobrepondo-se ao processo que, tendo como base o ser individual, encerra a dedução da sociedade, converge para estabelecer a medida da sua "evolução" ou da sua variação histórica.

natureza no âmbito da qual, à medida que transforma a natureza através do seu trabalho, empreende a transformação de si mesmo, convergindo para as fronteiras que encerram o conceito marxista de *práxis*.

Se a teoria contratualista que emerge da concepção de Hobbes e de Locke assinala uma sequência lógica que não guarda correspondência necessariamente com uma ordem cronológica que estabelece uma relação entre o estado de natureza e a "sociedade civil" através de um pacto social, à leitura rousseauniana se impõe uma dimensão de historicidade que se caracteriza pela complexa dinâmica do processo de socialização que é instaurado depois do estado de natureza e antes do contrato social.

Nesta perspectiva, que implica na geração de diversas formações sociais e regimes políticos através do desenvolvimento das forças produtivas, a pesquisa expõe que o referido processo, à medida que se detém na inter-relação que envolve propriedade, formação econômico-social e organização sociopolítica e na questão que abrange "individualismo possessivo" (característica do *Discurso*) versus liberdade igualitária (lógica *Do Contrato*), não converge senão para o engendramento das condições devidas para o estabelecimento dos dois pactos: aquele que legitima a desigualdade social e aquele que possibilita a construção de uma organização social igualitária.

Se a sociedade injusta (iníqua, "*que é*"), caracterizada pelo *Discurso*, trazendo como fundamento a propriedade privada, a divisão do trabalho e a alienação, instaura uma desigualdade incompatível com o pressuposto da condição humana, a liberdade, à sociedade justa (legítima, que "*deve ser*") se impõe a questão que envolve a construção de "uma forma de associação" que guarde capacidade de defender e proteger "a pessoa e os bens de cada associado", implicando também que o vínculo estabelecido entre o indivíduo e todos os demais nesta relação constitutiva da organização social possibilite, embora se lhe exigindo obediência, a não destituição daquilo que lhe é essencial (a liberdade), o que

16

demanda uma sujeição que não se circunscreva senão a si mesmo, conforme assegura a Vontade Geral.

A impossibilidade da renúncia legítima à liberdade, eis o que se impõe à leitura rousseauniana, que estabelece a distinção entre o pacto iníquo, que engendra a sociedade injusta, e o contrato que propõe uma organização igualitária, justamente em virtude da condição de alienação para a qual tende aquele, sobreposto pela autonomia que encerra o caráter deste último, consistindo a sociedade livre e igualitária em uma ordem legítima que implica em uma organização autogovernada pelos cidadãos, tanto quanto, antes, na impossibilidade de coexistência entre desigualdade e democracia, à medida que não guardam senão uma incompatibilidade estrutural, conforme assinala a pesquisa, que se detém na questão que envolve a soberania popular e a Vontade Geral e mostra que a sua emergência demanda, acerca da igualdade, a superação da formalidade em função da construção da base material, imprescindível para a sua manifestação e o seu exercício.

17

Estabelecer a conciliação envolvendo liberdade e igualdade, liberdade e soberania, razão (racionalidade política) e soberania popular - que não perfazem senão categorias que no âmbito político guardam um caráter antitético -, eis a pretensão da teoria rousseauniana, que converge para uma forma que, no tocante ao corpo político, possibilita a sua fundação através da soberania popular, dispensando qualquer tipo de recurso advindo do seu exterior para a sua limitação, desde as fronteiras que encerram a legitimidade dos direitos do homem que, emergindo do estado de natureza pré-político, se impõem às deliberações coletivas, conforme supõe a perspectiva de Locke[6], até o horizonte que implica a circunscrição da lei,

---

[6] "É a existência dos direitos naturais do indivíduo no estado de natureza que vai proteger, dos abusos do poder, o mesmo indivíduo no estado de sociedade. E como? Em primeiro lugar, porque o estado de natureza de Locke, contrariamente ao de Hobbes, está regulado pela razão. Em segundo lugar, porque, contrariamente a Hobbes, os direitos naturais, longe de constituírem o objeto de uma renúncia total pelo contrato original, longe de desaparecerem, varridos pela soberania no estado de sociedade, ao contrário subsistem. E subsistem para fundar, precisamente, a liberdade." (Chevallier, 1999, p. 108)

de acordo com a proposta da leitura de Montesquieu[7], além do atalho que acena com a instauração da autoridade política, tanto quanto, antes, com a questão referente às condições necessárias para o exercício do poder, segundo a construção hobbesiana[8].

---

[7] "(...) Em um Estado, isto é, numa sociedade onde existem *leis*, a liberdade só pode consistir em poder fazer o que se deve querer e em não ser forçado a fazer o que não se tem o direito de querer. Deve-se ter em mente o que é a independência e o que é a liberdade. A liberdade é o direito de fazer tudo o que as *leis* permitem; e se um cidadão pudesse fazer o que elas proíbem ele já não teria liberdade, porque os outros também teriam este poder." (Montesquieu, 1996, p. 166, grifos meus)

[8] Se o pensamento hobbesiano e a teoria rousseauniana guardam coincidência no que tange ao caráter absoluto do poder do soberano, que se impõe como o "único juiz da execução do contrato", segundo a leitura de Derathé (2009, p. 335), o que os distingue é a finalidade proposta pela perspectiva de cada um, à medida que se Hobbes pretende assegurar a *segurança* dos cidadãos e a *paz civil*, a prioridade de Rousseau não é senão a *liberdade*: "O que deu originalidade a Rousseau foi ele ter colocado o problema nestes termos. Todos os seus predecessores perguntavam-se sob que condições uma autoridade política poderia ser instituída. Eles respondiam unanimemente: pela alienação da liberdade natural. Para eles, a instituição do governo civil era feita pelo preço da liberdade, como se cada um se encontrasse pronto a sacrificar uma parte de sua liberdade para melhor assegurar sua segurança, formando com todos os outros uma união de forças e de vontades. Para Rousseau, a segurança comum não deve acarretar

Baseado no exercício de uma atividade pessoal e consciente cuja disposição, emergindo do desejo, acena com a intenção de se alcançar um determinado fim, à ordem política que resulta de um ato de vontade e que se lhe exprimindo se mantém sob a acepção de uma estrutura artificial (no âmbito da qual a lei se restringe à noção de algo que não é mais do que a imposição do soberano), ao "voluntarismo" que, em suma, nesta perspectiva, é atribuído à teoria política rousseauniana o que se impõe não é senão a distinção envolvendo *fato* e *direito*[9] em uma construção que traz o pacto como a instauração desse último e converge para a necessidade de estabelecer uma relação entre o *ser* (natureza humana) e o *dever ser* (lei) no

---

sujeição, e trata-se precisamente de saber como os homens podem unir-se num corpo político sem com isso renunciar à sua liberdade, pois esta é um direito inalienável." (Derathé, 2009, p. 335)

[9] "Esta separação de campos, em outras palavras, não é senão a distinção de um domínio do 'sociológico' (podemos, ao que parece, sem dúvida, denominá-lo assim), e de um domínio do 'político', ou talvez, mais precisamente da 'política' – para apontar mais para o nível da prática que para o nível das estruturas, no caso, a superestrutura jurídico-política do Estado." (Cardoso, 1975, p. 35)

que concerne ao estabelecimento de uma administração de caráter legítimo e seguro, constituindo-se a Vontade Geral o princípio da autopreservação do povo enquanto tal, segundo a condição que se lhe atribui o pacto, que encerra a sua autoafirmação através da soberania e da autorrealização que implica o interesse comum, à medida que o contrato se caracteriza como a situação-limite do desejo e da sua autossuficiência, que se desde o estado de natureza emerge demanda a sua superação no ponto culminante da contradição, a saber, a consciência da sua impotência total diante da realidade, que assinala a possibilidade de sua supressão[10].

Uma transformação do desejo de caráter necessário que converge para a universalidade que cabe à Vontade Geral, eis o que caracteriza o contrato, que escapa, pois, à

---

[10] "Suponhamos os homens chegando àquele ponto em que os obstáculos prejudiciais à sua conservação no estado de natureza sobrepujam, pela sua resistência, as forças que cada indivíduo dispõe para manter-se nesse estado. Então, esse estado primitivo já não pode subsistir, e o gênero humano, se não mudasse de modo de vida, pereceria." (Rousseau, 1999b, p. 69)

condição de uma associação contingente, voluntária, segundo a leitura rousseauniana que, no que tange à instauração do corpo político e a constituição da sua autoridade, se contrapõe ao consentimento que, se na perspectiva hobbesiana emerge coercitivamente[11], conforme a interpretação lockeana tem viés tácito[12], implicando em uma construção no âmbito da qual os membros do corpo político não delegam a soberania senão aos representantes, ao governo[13], em suma, a cuja forma de instituição, de

---

[11] Sentido que se impõe ao pensamento hobbesiano, cuja síntese converge para a seguinte fórmula: "E os pactos sem a espada não passam de palavras, sem força para dar segurança a ninguém." (Hobbes, 2003, p. 143)

[12] "E assim cada homem, consentindo com os outros em instituir um corpo político submetido a um único governo, se obriga diante de todos os membros daquela sociedade, a se submeter à decisão da maioria e a concordar com ela; do contrário, se ele permanecesse livre e regido como antes pelo estado de natureza, este pacto inicial, em que ele e os outros se incorporaram em uma sociedade, não significaria nada e não seria um pacto." (Locke, 2001, p. 140)

[13] Designado, pois, como "um corpo intermediário estabelecido entre os súditos e o soberano para sua mútua correspondência, encarregado da execução das leis e da manutenção da liberdade, tanto civil como política" (Rousseau, 1999b, p. 136), o Governo traz como membros

acordo com o pensamento de Rousseau, se sobrepõe a própria constituição do povo como tal[14].

Nesta perspectiva, pois, a correlação envolvendo liberdade e igualdade, no que concerne aos indivíduos entre si, converge para a necessidade acerca do estabelecimento de uma forma de associação política cuja legitimidade não pode guardar correspondência senão com

---

magistrados ou reis, os *governantes*, que perfazem um todo qualificado como *príncipe*, convergindo para uma condição, no que concerne à relação envolvendo o soberano e o Governo, caracterizada como uma comissão, um emprego, "no qual, como simples funcionários do soberano, exercem em seu nome o poder de que ele os fez depositários, e que pode limitar, modificar e retomar quando lhe aprouver." (Rousseau, 1999b, p. 137)

[14] Tendo em vista a condição de anterioridade que guarda o ato que constitui, pois, "o verdadeiro fundamento da sociedade", a saber, "o ato pelo qual um povo é um povo", em relação ao ato que estabelece o Governo, conforme defende Rousseau (Rousseau, 1999b, p. 68), cuja leitura, estabelecendo a distinção envolvendo o soberano e o Governo, perfaz uma ideia inovadora, caracterizando-se como fundamental para a "evolução do direito público" (Chevallier, 1999, p. 165), alcançando relevância, dessa forma, a perspectiva de que, no Estado, no tocante ao soberano, ao Governo não cabe senão a condição de ministro, que exerce em nome do povo o poder que este lhe delega enquanto tal, à medida que "sendo incompatível com a natureza do corpo social, a alienação de um tal direito é contrária ao objetivo da associação." (Rousseau, 1999b, p. 137)

23

a constituição voluntária de uma organização que encerre a possibilidade de que os próprios membros exerçam os direitos que lhe são facultados pela referida condição e cumpram as obrigações políticas que lhe são atribuídas por si mesmos, o que implica na única alternativa no que tange à superação do paradoxo abrangendo obediência e liberdade, à medida que, contrariamente, à instituição da autoridade política, o que se impõe é ou a obediência pura e simples ao Estado e às suas leis ou a obediência que depende do processo de avaliação individual e da sua consciência[15].

Se implica na condição de atividade e passividade que o povo enquanto tal assume como corpo coletivo e moral que instaura uma "vontade" (Vontade Geral), segundo os seus valores, as suas necessidades e os seus objetivos, cuja

---

[15] Convergindo para uma concepção que se opõe à ideia de autoridade legítima, negando o direito de qualquer indivíduo, representando o Estado ou não, exigir a obediência de outro, o implica a impossibilidade acerca do estabelecimento de uma autoridade política legítima, conforme defende o "anarquismo filosófico".

possibilidade de cumprimento nela está pressuposta, a relação que envolve soberano e súdito acena com um exercício que converge para um dever que, neste sentido, caracteriza a comunidade como ética, à medida que a submissão guarda correspondência com uma determinação moral, escapando à lógica mecanicista de um efeito que carrega uma dinâmica linear que, em virtude da falta de resistência, dispensa a força da "obrigação"[16].

À incompatibilidade, pois, que, em certo grau e sentido, envolve o desejo do indivíduo na sua existência absoluta e a vontade dirigida pela razão, a saber, a vontade individual e a vontade coletiva, o que se impõe, em face desta última, a Vontade Geral, não é senão um "dever", uma "obrigação" que, implicando um sentido que abrange

---

[16] "A fim de que o pacto social não represente, pois, um formulário vão, compreende ele tacitamente este compromisso, o único que poderá dar força aos outros: aquele que recusar obedecer à Vontade Geral a tanto será constrangido por todo um corpo, o que não significa senão que o forçarão a ser livre, pois é essa condição que, entregando cada cidadão à pátria, o garante contra qualquer dependência pessoal." (Rousseau, 1999b, p. 75)

25

os aspectos moral e físico, converge para a instauração da "lei" através de um sistema de deveres e sanções que se caracteriza como a sua expressão histórica, perfazendo, em sua concreticidade, o consenso na sua positividade, o que atribui à sociedade civil a condição de uma sociedade política, tendo em vista que a sua emergência ocorre na perspectiva que traz como fundamento da autoridade política a obediência do indivíduo à Vontade Geral[17].

Se a Constituição consiste em um momento que encerra a Vontade Geral, à medida que, convergindo para as fronteiras da particularidade, se caracteriza como "parte" do todo, simultaneamente, como universal, a Constituição deve se identificar com a própria Vontade Geral, não perfazendo senão o próprio todo, contrapondo-se à perspectiva que a mantém sob a acepção que assinala um

[17] Diferentemente da leitura de Durkheim, o fundamento da obrigação, segundo a perspectiva de Rousseau, "não implica de modo algum que exista uma autoridade externa e superior aos indivíduos", mas "a autoridade política tem seu fundamento no ato pelo qual o indivíduo se engaja em obedecer à vontade geral." (Derathé, 2009, p. 351)

conjunto de determinações fundamentais da vontade racional, conforme defende a leitura hegeliana [18], que implica na atribuição ao povo de uma condição que se lhe priva de sua essência genérica, reduzindo-o a uma multidão atomística que emerge na esfera do Estado como sociedade civil, circunscrita, pois, a uma parte da Constituição, um elemento político-estamental[19].

---

[18] "O Estado, como espírito vivo, só é como um todo organizado, distinto em atividades particulares, que, procedendo do conceito *único* (embora não sabido como conceito) da vontade racional, produzem continuamente esse todo como seu resultado. A *Constituição* é essa articulação da *potência do Estado*. Contém as determinações da maneira como a vontade racional, enquanto nos indivíduos é somente *em si* a vontade universal, pode, por um lado, chegar à consciência e à inteligência de si mesma, e ser *encontrada*, e por outro lado, pela eficiência do governo e de seus ramos particulares, pode ser posta em efetividade e aí preservada e protegida; tanto contra sua subjetividade contingente como contra a dos Singulares. É a *justiça* existente, enquanto é a efetividade da liberdade no desenvolvimento de todas as suas determinações racionais." (Hegel, 1995, § 539, grifos do autor)

[19] "Como uma 'simples massa indiferenciada', a sociedade civil (o *estamento privado*) não pode, certamente, aparecer em sua atividade legislativo-estamental, pois a 'simples massa indiferenciada' existe apenas na 'representação', na 'fantasia', não na *realidade*. Há, aqui, somente maiores ou menores massas acidentais (cidades, vilarejos, etc.). Essas massas, ou melhor, essa massa, não só *aparece*, como *é* realmente,

por toda parte, 'uma multidão dissolvida nos seus átomos' e, enquanto atomística, ela *deve* aparecer e produzir-se em sua atividade *político-estamental*." (Marx, 2010, p. 94, grifos do autor)

CAPÍTULO 1[20]

DO ESTADO DE NATUREZA
E O PROCESSO DE SOCIALIZAÇÃO:
DO POSTULADO TEÓRICO
À REALIDADE CONCRETA

Pretendo descobrir a verdadeira natureza humana,
Rousseau, através de um processo metódico, que não
envolve senão a determinação por supressão de um ponto
fixo e original que funcione como referência para a sua
complexa genealogia, descreve o estado de natureza que,
guardando correspondência com uma espécie de evidência

---

[20] O conteúdo do referido capítulo foi publicado em forma de artigo
pela **Revista Portuguesa de Ciência Política** (*Portuguese Journal of
Political Science*), ISSN 1647-4090, n. 3. pp. 11-24, 2013 (**I Parte – Do
Humanismo**), Lisboa, Portugal, sob o título O *direito de ser Homem: da
alienação da desigualdade social à autonomia da sociedade igualitária na
teoria política de Jean-Jacques Rousseau segundo a perspectiva do materialismo
histórico e dialético*, e pela **PRACS: Revista Eletrônica de Humanidades
do Curso de Ciências Sociais da UNIFAP**, ISSN 1984-4352, v. 7, n. 2,
pp. 109-133, jul./dez. 2014 (**Temas e Debates das Humanidades
Contemporâneas**), Macapá – AP, Brasil, sob o título Do *direito de ser
homem: da alienação da desigualdade social à autonomia da sociedade
igualitária na teoria política de Jean-Jacques Rousseau.*

interior, impõe ao homem natural uma condição que, caracterizada pela dispersão e pela ignorância em relação ao trabalho, tende a estabelecer uma aproximação no tocante as fronteiras da animalidade, às quais, baseadas na instintividade absoluta, se sobrepõe em face da possibilidade de reconhecer-se livre para se submeter ou não, à medida que detém a capacidade de aceitar ou de resistir, convergindo para uma distinção que, além da liberdade, traz como fundamento a faculdade de se aperfeiçoar, a *perfectibilidade,* que, uma vez em potência, sob o efeito das circunstâncias, atualiza-se, dirigindo o seu desenvolvimento, não implicando necessariamente o progresso moral mas a noção de que, como um *ser em devir,* o homem pode tornar-se melhor ou pior[21].

---

[21] "É da 'perfectibilidade' que brota toda inteligência do homem, mas também todos os seus erros; que brotam as suas virtudes, mas também os seus vícios. Ela parece elevá-lo acima da natureza, mas torna-o ao mesmo tempo um tirano da natureza e de si mesmo. Entretanto, não podemos renunciar a ela, pois a marcha da natureza humana não se deixa deter: *'la nature humaine ne rétrograde pas'*". (Cassirer, 1999, p. 101)

Nesta perspectiva, pois, sobrepondo-se à tendência que implica a concepção que envolve a realidade e o homem através de determinações que encerram um caráter rígido e uma condição "definitiva", a antropologia filosófica de Rousseau converge para a destruição do conceito essencialista ou substancialista da natureza humana, sublinhando a plasticidade e a maleabilidade que se lhe impõem, tanto quanto a possibilidade que carrega concernente a *abertura* à experiência e à sua irredutível diversidade[22].

---

[22] Eis o esclarecimento de Dent: "O homem pode aprender como o seu meio ambiente funciona e pode adaptar-lhe o seu comportamento para sua própria vantagem, assim como modificar esse meio ambiente a fim de obter mais vantagens. Virtualmente todos os comportamentos humanos são aprendidos ou adquiridos, e poucos se tornam tão consolidados que não permitam sua modificação se a necessidade (ou o gosto) o exigir. A nossa capacidade para toda essa flexibilidade e adaptabilidade, a nossa aptidão para aumentar o nosso estoque de conhecimentos e aplicá-los de modos infinitamente variados, Rousseau as atribui à perfectibilidade." (Dent, 1996, p. 181)

Escapando ao horizonte que encerra um valor ético, à bondade[23] que, segundo a leitura rousseauniana, caracteriza a condição humana no estado de natureza, o que se impõe, aquém da consciência do bem e do mal, é uma moral natural, perfazendo uma inocência original que converge para uma disposição psicológica que inter-relaciona dois princípios que, antecedendo à razão, guardam oposição e complementaridade, a saber, o amor de si (*amour de soi*), que possibilita a autoconservação, e a piedade ou "compaixão" (*pitié*)[24], que emerge do âmbito daquele como

---

[23] "Essa bondade não se funda numa propensão instintiva qualquer da simpatia, mas na capacidade de autodeterminação. Portanto, a sua verdadeira prova não se encontra nos impulsos de benevolência natural, mas no reconhecimento de uma lei moral à qual a vontade individual se submete espontaneamente." (Cassirer, 1999, p. 100)

[24] Guardando condição de anterioridade no que tange à razão, eis os dois princípios que caracterizam a disposição da constituição humana, a saber, aquele que se impõe como fundamento da relação do homem como indivíduo consigo mesmo, o instinto de conservação, e aquele que emerge como uma forma primordial de manifestação do genérico-humano, o sentimento de "piedade", perfazendo uma condição que assinala a possibilidade que carrega, desde a sua estrutura instintual (pulsional), concernente ao processo que envolve a sociabilidade.

uma forma primordial de manifestação do genérico-humano e institui a fronteira que interseccionaliza todos os seres humanos, em virtude da descoberta do fenômeno identitário da semelhança através da vivencialização das vicissitudes existenciais que, inevitavelmente compartilhadas, estabelece a comunicacionalidade da experiência do sofrimento e não tende senão para a expressão de um sentimento de repugnância inata[25].

Contrapondo-se ao caráter egoísta do "instinto de conservação" que, segundo a leitura hobbesiana, implica na condição que envolve *homo homini lupus*[26] (o homem é um

---

[25] "Por natureza, o homem possui a capacidade de imaginar-se no ser e na sensibilidade do outro e esta aptidão para a 'empatia' faz que ele sinta até certo grau o sofrimento do outro como se fosse o seu. Mas há uma grande distância entre essa capacidade fundada numa mera impressão sensorial e o interesse ativo, a defesa efetiva dos outros." (Cassirer, 1999, pp. 97-98)

[26] "Portanto, tudo aquilo que se infere de um tempo de guerra, em que *todo homem é inimigo de todo homem*, infere-se também do tempo durante o qual os homens vivem sem outra segurança senão a que lhes pode ser oferecida pela sua própria força e pela sua própria invenção." (Hobbes, 2003, p. 109, grifos meus)

lobo para o outro homem) e *bellum omnium contra omnes*[27] (a guerra de todos contra todos), que caracteriza a sua perspectiva do estado de natureza, Rousseau distingue no âmbito deste princípio, que se impõe como fundamento da relação do homem como indivíduo consigo mesmo, o *amour propre* (amor-próprio) e o *amour de soi*, este último perfazendo um sentimento natural que converge para a autopreservação e se torna capaz de engendrar, sob o governo da razão e a influência da piedade, humanidade e virtude, constituindo-se aquele não mais do que um sentimento relativo, factício, o qual, incitando o indivíduo a se sobrepor aos demais, guarda raízes nas fronteiras da sociedade[28].

---

[27] "(...) durante o tempo em que os homens vivem sem um poder comum capaz de mantê-los todos em temor respeitoso, eles se encontram naquela condição a que se chama guerra; e uma *guerra que é de todos os homens contra todos os homens.*" (Hobbes, 2003, p. 109, grifos meus)

[28] "Para Rousseau, a deficiência da filosofia de Hobbes consiste em colocar no lugar do egoísmo puramente passivo existente no âmbito do estado natural um egoísmo ativo. O impulso para espoliar e dominar

Se tende à distinção, no âmbito antropológico, no que tange à perspectiva de Hobbes e de Locke, o dinamismo que caracteriza a leitura rousseauniana não envolve senão uma espécie de polimorfismo instintual, à medida que, emergindo da interação das condições exteriores e da inventividade humana, as "respostas" que se impõem às circunstâncias escapam a qualquer tipo de relação determinista,[29] convergindo para a inexistência de uma natureza pré-fixada, conforme assinala, nas fronteiras que encerram a *perfectibilidade* iluminística, o sentido da referida noção que, se corresponde às determinações

com violência é algo estranho ao homem natural como tal; ele só pôde surgir e criar raízes depois que o homem passou a viver em sociedade e conheceu todos os desejos 'artificiais' criados por esta." (Cassirer, 1999, p. 97)

[29]   Se o dinamismo estabelece a distinção, no âmbito antropológico, entre a leitura de Rousseau e a perspectiva de Hobbes e de Locke, a sua emergência não se impõe senão desde a esfera biológica, guardando correspondência com uma espécie de polimorfismo instintual, que se caracteriza pela capacidade que traz inerente de se sobrepor às demais espécies, à medida que, "se cada espécie não possui senão o seu próprio instinto, o homem, não tendo talvez nenhum que lhe pertença exclusivamente, apropria-se de todos." (Rousseau, 1999a, p. 58)

internas da organização da espécie para Étienne de
Condillac[30], que defende que mesmo em condição de
isolamento o homem contém os caracteres positivos de
uma "essência" humana, para Rousseau, que se lhe
contrapõe, o desenvolvimento humano não guarda
nenhuma referência causal com as "disposições" em
questão, perfazendo um processo que se circunscreve à
esfera da sociabilidade, constituindo-se um produto não
puramente biológico mas histórico que implica na inter-

---

[30] Atribuindo à sensação a origem dos conhecimentos, o filósofo
francês Étienne Bonnot de Condillac (1714-1780) defende que é através
do processo da observação da realidade que um sistema deve
empreender a dedução que envolve o encadeamento dos fatos,
perfazendo uma teoria que encerra como fundamento a noção de que
todo o conhecimento guarda correspondência com a transformação da
sensação original, além da concepção que, concernente às faculdades
humanas, assinala a sua contínua formação, sobrepondo-se ao inatismo
que caracteriza a leitura de Locke, o que implica em uma construção
que, conferindo à linguagem uma condição fundamental, estabelece
uma relação entre o seu desenvolvimento e o progresso do
conhecimento, convergindo, em última instância, para uma perspectiva
que atrela a possibilidade de pensar ao contato com a realidade exterior
(a saber, *sensualismo*).

relação das imposições do meio natural e das reações humanas.

Às inter-relações envolvendo indivíduo e sociedade, segundo a leitura rousseauniana, se impõe um dinamismo[31] histórico e uma potencialidade de transformação que escapam à concepção da teoria contratualista de Hobbes e de Locke, particularmente, a cujo individualismo, caracterizado como "possessivo", se sobrepõe, à medida que a sua interpretação do homem como indivíduo natural não guarda senão incompatibilidade com a referida perspectiva, constituindo-se as suas reflexões uma antecipação no tocante à ontologia do ser social que encerra a proposta de

---

[31] O dinamismo que caracteriza a leitura antropológica rousseauniana não se impõe senão através do processo de socialização que, convergindo para a transposição da condição de isolamento do "estado natural" para a interdependência humana do "estado civil", acarreta a atualização de uma "essência" cuja existência, no estágio pré-social, permanece sob potência, constituindo-se o trabalho coletivo a possibilidade de emergência de determinações que se lhe escapam na esfera originária do "estado de natureza", implicando na articulação específica da sua *gama instintual polimórfica*. (Coutinho, 1996)

Hegel[32], tanto quanto, principalmente, de Marx, que defende que o homem enquanto tal, sob a acepção de um ser que raciocina, dispõe de linguagem e age moralmente,

---

[32] "(...) Quando Hegel pretende atribuir a tal relação [relação que envolve o ser humano e a sociedade, caracterizada, pois, pela contraditoriedade] uma figura ontologicamente autônoma, chamando-a de espírito, ainda não se afasta em princípio da verdade objetiva, já que efetivamente o ser social – deixando de lado o que ele é em-si – tem uma existência independente da consciência individual do homem singular, possuindo um alto grau de dinamismo autonomamente determinado e determinante em face dessa consciência. E essa autonomia não é alterada pelo fato de ser o movimento do ser social uma síntese das ações, dos esforços, etc. individuais; se é verdade que essas ações e esses esforços partem imediatamente (mas só imediatamente) da consciência do indivíduo, também é verdade que suas causas e consequências são muito diferentes daquelas que – ao empreender tais ações, etc. – os indivíduos pensaram, sentiram e quiseram. Se tal estrutura já se manifesta no caso da ação individual, que porém só pode nascer num contexto social, muito mais se manifestará – e sob formas qualitativamente superiores – nos casos em que atos individuais diferentes, articulando-se de modo indissolúvel entre si, produzam um movimento social, independentemente do fato de os indivíduos em ação terem ou não em vista o apoio ou o atrito mútuos. Por isso, do ponto de vista de uma ontologia do ser social, é absolutamente legítimo atribuir a essa totalidade, a essa conexão dinâmico-contraditória de atos individuais, um ser *sui generis*." (Lukács, 1979, p. 31)

se define pelo seu trabalho, pela sua história e pela sua *práxis* social, produzindo-se através dela, afinal[33].

---

[33] Caracterizando-se como a base do desenvolvimento social, ao trabalho o que cabe não é senão a condição de lugar de convergência da ontologia do ser social, à medida que todas as demais formas de atividade humana guardam correspondência com a capacidade da espécie de "*produzir* seus meios de existência" em um contexto que correlaciona as forças produtivas e as necessidades sociais, constituindo-se, pois, o próprio homem, o seu modo específico de ser e de fazer-se homem, conforme salienta Marx, que afirma: "Pode-se distinguir os homens dos animais pela consciência, pela religião e por tudo o que se queira. Mas eles próprios começam a se distinguir dos animais logo que começam a *produzir* seus meios de existência, e esse passo à frente é a própria consequência de sua organização corporal. Ao produzirem seus meios de existência, os homens produzem indiretamente sua própria vida material." (Marx; Engels, 2002, p. 10-11, grifo do autor). Conclusão: "A produção das ideias, das representações e da consciência está, a princípio, direta e intimamente ligada à atividade material e ao comércio material dos homens; ela é a linguagem da vida real. As representações, o pensamento, o comércio intelectual dos homens aparecem aqui ainda como a emanação direta de seu comportamento material. O mesmo acontece com a produção intelectual tal como se apresenta na linguagem da política, na das leis, da moral, da religião, da metafísica, etc. de todo um povo. São os homens que produzem suas representações, suas ideias, etc. Mas os homens reais, atuantes, tais como são condicionados por um determinado desenvolvimento de suas forças produtivas e das relações que a elas correspondem, inclusive as mais amplas formas que estas podem tomar. A consciência nunca pode ser mais que o ser consciente; e o ser dos homens é o seu processo de vida real." (Marx; Engels, 2002, pp. 18-19)

Ao processo histórico de socialização o que se impõe, no que concerne à construção humana, do âmbito do indivíduo à esfera da espécie, é uma função ontológico-genética de caráter fundamental, segundo a leitura rousseauniana, consistindo na causa material e eficiente que implica na transição humana de potência a ato, à medida que, engendrando uma série de necessidades que se lhe escapam na condição do estado de natureza, converge simultaneamente para a emergência das faculdades que a sua satisfação demanda através de uma dinâmica que não encerra senão a progressiva divisão e especialização que advém da produtividade do trabalho.

Longe de se contrapor à sociedade em geral, pressupondo ou a necessidade de um retorno ao estado de natureza, improcedente, pois, em face da alienação da origem, ou a inevitabilidade concernente à condição de corrupção humana, imprópria, no caso, em função da lógica da exposição, a crítica rousseauniana, que emerge do *Discurso*, não se circunscreve senão ao âmbito da "sociedade civil", que corresponde à realidade concreta representada pela ordem social mercantil-burguesa da sua época, convergindo para a conclusão de que, se uma formação social pastoril e pré-mercantil se caracteriza como ideal, a transição desse estado, designado como "intermediário"[34], para a "sociedade civil", não representa senão um "progresso"[35] que, a despeito do aperfeiçoamento da razão, tende a engendrar a corrupção humana, desde o âmbito do indivíduo até a esfera da espécie.

---

[34] Estado que, sobrepondo-se à indolência que caracteriza o estágio primitivo, escapa também à atividade que implica o "amor-próprio", perfazendo "a época mais feliz e a mais duradoura", segundo Rousseau, que conclui que "esse estado era o menos sujeito às revoluções, o melhor para o homem, que certamente saiu dele por qualquer acaso funesto que, para a utilidade comum, jamais deveria ter acontecido." (Rousseau, 1999a, p. 93)

[35] Se o processo de socialização e o progresso convergem para o desenvolvimento da *perfectibilidade* humana, possibilitando a emergência das virtudes e faculdades que em condição de potência o homem no "estado de natureza" detém, ao paradoxo que caracteriza a relação que envolve o "aperfeiçoamento da razão humana" e a "deterioração da espécie" o que se impõe, sobrepondo-se à aparente contradição *lógica* da leitura rousseauniana, não é senão uma contradição *objetiva* (*histórico-ontológica*). (Coutinho, 1996)

41

Tratando das causas da desigualdade social, ou, circunscrevendo-se à terminologia empregada pelo próprio Rousseau, a questão que envolve a sua origem e fundamento, não é senão a propriedade privada que se impõe como a principal, implicando na fundação da "sociedade civil", tanto quanto, simultaneamente, na emergência da divisão do trabalho e na sua crescente intensificação, tendo em vista a multiplicação e a diversificação das necessidades humanas que, sobrepondo a dependência recíproca dos indivíduos socializados à independência humana na condição natural, converge para a instauração de conflitos e rivalidades, à medida que o *amour propre*, sobrepujando o *amour de soi*, torna-se não menos do que a base das relações sociais que, uma vez constituídas pela oposição de interesses, se detêm nas fronteiras da concorrência[36].

---

[36] "Com as relações sociais, tudo muda. O amor de si, que no estado de natureza era um sentimento absoluto, torna-se um 'sentimento relativo pelo qual nos comparamos', transforma-se em amor-próprio e engendra nos homens um apetite insaciável de dominação. A desigualdade, cujos

Nesta perspectiva, que traz a instituição da propriedade privada como instauradora da desigualdade social, Rousseau identifica, concernente ao processo de socialização, que não implica senão em uma relação de dependência recíproca, que as objetivações que perfazem os construtos humanos escapam à apropriação autônoma dos seus criadores, convergindo para a emergência de um antagonismo [37] entre a essência social-objetiva da humanidade e a existência singular de cada indivíduo, cujo aspecto subjetivo é assinalado pela necessidade que se

---

efeitos quase não se faziam sentir no estado de natureza, torna-se preponderante e exerce uma influência nefasta sobre as relações de homem a homem." (Derathé, 2009, p. 355)

[37] A ação ou o estado para o qual converge um alheamento, uma estranheza, que implica um indivíduo ou um grupo, uma instituição ou uma sociedade, em relação aos resultados ou produtos que se impõem à sua própria atividade, tanto quanto à atividade ela inclusive, à natureza, aos seres humanos, como também em face de si mesmos, no que concerne às suas possibilidades humanas, a alienação, nesta última perspectiva, não emerge senão como autoalienação, que envolve o ser próprio do homem quanto às suas possibilidades e advém por intermédio dele mesmo, por meio da sua atividade, enfim, perfazendo um processo que alcança a sua própria essência e estrutura básica, que se lhe escapam. (Bottomore; Outhwaite, 1996)

43

intensifica em função de um fim pessoal no que concerne a sobreposição do "parecer" em face do "ser". "Ser e parecer tornaram-se coisas totalmente diferentes"[38].

Se a criação das objetivações, no âmbito da sociabilidade, que não encerra senão relações reciprocamente dependentes, escapa aos seus produtores, o que emerge, consequentemente, entre a essência social-objetiva e a existência singular, que envolve, respectivamente, a humanidade e o indivíduo, é o antagonismo, para o qual converge a independência que caracteriza a condição natural e a dependência que se impõe à "sociedade civil", que se contrapõem, segundo a leitura rousseauniana, cuja crítica implica, menos do que a interdependência humana no tocante à satisfação das suas necessidades, o sistema no âmbito do qual tal regime se estabelece e que traz como fundamento a propriedade privada e a divisão do trabalho, deflagrando a perda da autonomia e da liberdade.

---

[38] Rousseau, 1999a, p. 97.

44

I PARTE

DA INTER-RELAÇÃO ENVOLVENDO PROPRIEDADE, FORMAÇÃO ECONÔMICO-SOCIAL[39] E ORGANIZAÇÃO SOCIOPOLÍTICA

O verdadeiro fundador da sociedade civil foi o primeiro que, tendo cercado um terreno, lembrou-se de dizer *isto é* meu e encontrou pessoas suficientemente simples para acreditá-lo. Quantos crimes, guerras, assassínios, misérias e horrores não pouparia ao gênero humano aquele que, arrancando as estacas ou enchendo o fosso, tivesse gritado a seus semelhantes: 'Defendei-vos de ouvir esse impostor; estareis perdidos se esquecerdes que os frutos são de todos e que a terra não pertence a ninguém!'.[40]

A constituição da propriedade se caracteriza como o resultado de um processo histórico que implica da fase da sujeição humana às sensações físicas e aos impulsos naturais

---

[39] "Termo preferível para indicar o conceito marxista de Formação Social que designa o conjunto das relações que com a evolução de um modo de produção se vão determinando historicamente entre este, a sua superestrutura política e ideológica, aspectos de outros modos de produção e de outras superestruturas." (Bobbio; Matteucci; Pasquino, 1998, p. 511)

[40] Rousseau, 1999a, p. 87, grifos do autor.

à etapa da superação das adversidades se lhe impostas pela natureza e da conscientização da sua superioridade em face dos animais, tanto quanto da ocasional cooperação, do estágio da revolução que, tendo como referência a construção de moradias, guarda correspondência com a emergência da família e engendra a separação, acerca do *modus vivendi*, entre os homens e as mulheres, àquele que perfaz a revolução que traz como origem a oposição que envolve a agricultura e a metalurgia, convergindo para a transição do modelo econômico de subsistência para a estrutura econômica de produção, que não tende senão, em função da divisão do trabalho, a multiplicar as desigualdades, circunscritas anteriormente às diferenças naturais.

Nesta perspectiva, o desenvolvimento das forças produtivas e os diferentes modos de produção e formações sociais guardam uma relação que se impõe através de um liame orgânico, segundo a leitura rousseauniana, que assinala um processo de socialização que se desenvolve por intermédio de fases sucessivas que implicam em distintas estruturas econômico-sociais, que não emergem senão através do progresso que envolve as técnicas de produção (pastoreio, agricultura, metalurgia, etc.) e as faculdades humanas (linguagem, razão, especialização no trabalho, etc.), convergindo para uma estrutura material que traz em condição de imanência um antagonismo baseado em interesses que se conjugam no estabelecimento do pacto que legitima a desigualdade econômica que a instauração da propriedade privada e a divisão do trabalho promovem e institui uma ordem política que, afinal, a legaliza[41].

Se a condição que guarda anterioridade em face do pacto que Rousseau expõe no *Discurso* não mais se

---

[41] "Se seguirmos o processo da desigualdade nessas diferentes revoluções, verificaremos ter constituído seu primeiro termo o estabelecimento da lei e do direito de propriedade; a instituição da magistratura, o segundo; sendo o terceiro e último a transformação do poder legítimo em poder arbitrário. Assim o estado de rico e de pobre foi autorizado pela primeira época; o de poderoso e de fraco pela segunda; e, pela terceira, o de senhor e escravo, que é o último grau da desigualdade (...)." (Rousseau, 1999a, p. 110)

47

caracteriza como natural, convergindo para o processo de socialização no âmbito do qual o contrato emerge em função da garantia da segurança e da propriedade, por meio de cujo objetivo pretende obter legitimidade, o seu resultado, a construção da organização sociopolítica, se impõe como um benefício que, segundo a leitura de Hobbes e de Locke, se restringe a uma parcela da sociedade, aos detentores de um poder que advém do estágio que se lhe antecede, de uma conquista empreendida pela força, uma usurpação, no caso, a saber, a propriedade. Ora, longe de perfazer um direito natural que o trabalho confere, conforme salienta a perspectiva lockeana, a propriedade demanda uma legalidade positiva que possibilite o seu reconhecimento como tal por todos indistintamente, incluindo os não-proprietários, os pobres, cuja concordância, nesse sentido, somente se torna possível mediante a transformação de um interesse particular em universal, ou seja, o recurso ideológico, que, prestando serviço às classes economicamente dominantes, destina ao trabalho, à servidão e à miséria todo o gênero humano[42].

Nesta perspectiva, se o jusnaturalismo emerge como a legitimação filosófica da desigualdade, à medida que a desigualdade moral ou política, guardando contraste referente à desigualdade natural ou física, não corresponde senão a uma espécie de convenção que converge para o seu estabelecimento, a sua instituição, ou a sua autorização, a hipótese rousseauniana se detém na distinção envolvendo a condição original e a condição civil, o estado natural e o estado artificial, sobrepondo-se à leitura que os

---

[42] "'Unamo-nos', disse-lhes, 'para defender os fracos da opressão, conter os ambiciosos e *assegurar a cada um a posse daquilo que lhe pertence.*" (Rousseau, 1999a, p. 100, grifos meus). Eis o que se impõe ao estabelecimento da sociedade civil e da ordem política através do pacto iníquo, segundo a leitura rousseauniana que, detendo-se na questão que envolve o instituto da propriedade e as suas implicações, converge para as fronteiras que encerram a seguinte conclusão: "Tal foi ou deveu ser a origem da sociedade e das leis, que deram novos entraves ao fraco e novas forças ao rico, destruíram irremediavelmente a liberdade natural, fixaram para sempre *a lei da propriedade e da desigualdade*, fizeram de uma usurpação sagaz um direito irrevogável e, para lucro de alguns ambiciosos, daí por diante sujeitaram todo o gênero humano ao trabalho, à servidão e à miséria." (Rousseau, 1999a, p. 100, grifos meus)

49

correlacionam, confundindo-os, aplicando as referências paradigmáticas da existência pós-contratual ao tipo de homem que se impõe à situação pré-contratual[43].

Se a regularidade da natureza escapa ao homem sob a condição natural, à medida que a sua emergência guarda raízes no fenômeno reflexivo, é a sua interrupção que, gerando a carência, acarreta um sentimento de necessidade que, demandando um esforço de interpretação e previsão, converge para o referido processo, que não supõe senão a

---

[43] Tendo em vista que "os filósofos que examinaram os fundamentos da sociedade sentiram todos a necessidade de voltar até o estado de natureza, mas nenhum deles chegou até lá. Uns [Locke e Montesquieu] não hesitaram em supor, no homem, nesse estado, a noção do justo e do injusto, sem preocuparem-se com mostrar que ele deveria ter essa noção, nem que ela lhe fosse útil. Outros [Grócio, Puffendorf e Burlamaqui], falaram do direito natural, que cada um tem, de conservar o que lhe pertence, sem explicar o que entendiam por pertencer. Outros [Aristóteles, Hobbes e Grócio] dando inicialmente ao mais forte autoridade sobre o mais fraco, logo fizeram nascer o Governo, sem se lembrarem do tempo que deveria decorrer antes que pudesse existir entre os homens o sentido das palavras autoridade e governo. Enfim, todos, falando incessantemente de necessidade, avidez, opressão, desejo e orgulho, transportaram para o estado de natureza ideias que tinham adquirido em sociedade; falavam do homem selvagem e descreviam o homem civil." (Rousseau, 1999a, p. 52)

descoberta de si como agente eficiente, que carrega a possibilidade de manter independência no tocante à ordem "natural" que, necessária, a partir de então se lhe torna "externa".

Guardando relação com a impossibilidade de a natureza corresponder às suas necessidades, o que implica, em certo sentido, em um processo de "dessacralização" ou "desdivinização", à produção humana o que se impõe não é senão a instauração da propriedade, que envolve uma noção que supõe a possibilidade de retenção da sua fonte de satisfação, convergindo para a construção da ideia de justiça que, dessa forma, caracterizando-se como convencional, se sobrepõe às fronteiras da condição natural[44].

---

[44] "Da cultura de terras resultou necessariamente a sua partilha e, da propriedade, uma vez reconhecida, as primeiras regras de justiça, pois para dar a cada um o que é seu, é preciso que cada um possua alguma coisa; além disso, começando os homens a alongar suas vistas até o futuro e tendo todos a noção de possuírem algum bem passível de perda, nenhum deixou de temer a represália dos danos que poderia causar a outrem." (Rousseau, 1999a, pp. 95-96)

Nessa perspectiva, a ideia de propriedade não se impõe senão como uma fronteira em relação ao estado de natureza, perfazendo uma ruptura que converge para a instauração do estado cívico[45], engendrando o processo de corrupção humana, implicando na redução da noção de "pertencimento" ao âmbito da conveniência que a proteção à integridade física requer, à medida que se lhe escapa a racionalidade cujo reconhecimento demanda a imposição de limites através do trabalho que, embora instrumentalize a referida delimitação, não a justifica como tal, relegando a

---

[45] Não consistindo senão na apropriação arbitrária daquilo que guarda um sentido de pertencimento que se mantém atrelado a todos e a ninguém, simultaneamente, a propriedade privada escapa, pois, ao reconhecimento de algum direito, circunscrevendo-se, dessa forma, à defesa da força que, sob a égide que acena com a "lei do mais forte", engendra a situação de guerra permanente e insegurança generalizada que demanda a fundação de uma ordem política: "Como antes de se constituir a cidade todas as coisas pertenciam a todos (...), e tudo o que alguém chamasse de *seu* algum outro teria idêntico direito a igualmente dizer *seu* (pois, onde todas as coisas são em comum, nada pode ser propriedade de um), segue-se que a propriedade de alguém nada mais é do que aquilo que ele pode conservar graças às leis e ao poder da cidade como um todo, isto é, daquele a quem está conferido o mando supremo sobre ela." (Hobbes, 1998, p. 111, grifos do autor)

uma condição posterior tal papel, conforme supõe a conservação da posse, que envolve não menos do que a necessidade do esforço, que encerra um investimento que se sobrepõe à liberdade natural e culmina na questão da alienação, segundo a interpretação ulteriormente desenvolvida pelo pensamento marxista.

> A relação de propriedade, havendo-se tornado para um número cada vez maior de pessoas a relação fundamentalmente importante, que lhes determinava a *liberdade real* e a perspectiva real de realizarem suas plenas potencialidades, era vista na natureza do indivíduo. Achava-se que o indivíduo é livre na medida em que é proprietário de sua pessoa e de suas capacidades.[46]

Se o trabalho possibilita o direito à produção (o resultado do investimento na terra), a sua transposição para o que se lhe escapa (a terra, propriamente), inicialmente sob condição temporária, converge para o instituto que instaura a desigualdade, a saber, a propriedade, que, guardando caráter artificial, amplia as diferenças naturais, agravando-as, à medida que se impõe através da apropriação

---

[46] Macpherson, 1979, p. 257, grifos meus.

53

ininterrupta dos meios de produção em face do direito que se lhe cabe aos fins, dos bens produzidos, no caso[47].

Se a proposta rousseauniana encerra, sob a perspectiva que envolve os fundamentos econômico-sociais, a necessidade da superação da extrema polarização que emerge entre riqueza e pobreza e guarda correspondência com a propriedade privada, sobrepujando o antagonismo que a oposição de interesses impõe à "sociedade civil", se lhe extirpando a raiz da desigualdade, que a caracteriza, a sua leitura, segundo o ponto de vista do indivíduo, demanda a preeminência do *amour de soi* em face do *amour propre*, à medida que a influência da *pitié* possibilita o alcance da virtude e uma orientação baseada na Vontade Geral e no interesse comum e não no egoísmo e no interesse privado.

---

[47] "Somente o trabalho, dando ao cultivador um direito sobre o produto da terra que ele trabalhou, dá-lhe consequentemente direito sobre a gleba pelo menos até a colheita, assim sendo cada ano; por determinar tal fato uma posse contínua, transforma-se facilmente em propriedade." (Rousseau, 1999a, p. 96)

À possibilidade que encerra a natureza no sentido de caracterizar uma desigualdade que emerge em função da força ou do gênio, cabe ao pacto, se lhe sobrepondo, instaurar uma igualdade moral e legítima que possibilite uma equivalência envolvendo a condição de todos indistintamente, [48] o que não implica senão na pressuposição de uma base material, à medida que a inexistência desta converge para circunscrever a igualdade ao âmbito da mera aparência e ilusão, tendo em vista que não se impõe à concreticidade da realidade social que contrapõe a miséria do pobre e a usurpação do rico, conforme assinala Rousseau, que relaciona a referida situação aos governos instaurados por intermédio do contrato iníquo, a saber, aquele que, tendo como eixos a

---

[48] Tendo em vista que "o pacto fundamental, em lugar de destruir a igualdade natural, pelo contrário substitui por uma igualdade moral e legítima aquilo que a natureza poderia trazer de desigualdade física entre os homens, que, podendo ser desiguais na força ou no gênio, todos se tornam iguais por convenção e direito. (Rousseau, 1999b, p. 81)

propriedade privada, a divisão do trabalho e a alienação[49], legaliza a desigualdade.

---

[49] Característica do fenômeno designado posteriormente como tal por Marx, em cujo pensamento não representa senão "*a perda do possível*", impondo-se como aquilo que impede "a *realização de possibilidades*", constituindo-se o bloqueio, a estagnação, a regressão eventos que a perfazem em um contexto no qual a atividade social, os conhecimentos e as técnicas de ação sobre a natureza material se inter-relacionam na construção de horizontes quase ilimitados.

II PARTE

"INDIVIDUALISMO POSSESSIVO" *VERSUS* LIBERDADE IGUALITÁRIA

Consistindo no direito de usufruir de seus bens independentemente de outro homem, da sociedade, o direito de propriedade privada emerge como a aplicação prática do direito de liberdade individual, que se impõe como o fundamento da "sociedade civil", assinalando para o indivíduo que o outro não se caracteriza como a realização de sua liberdade, pressuposto da "sociedade igualitária", senão como o seu limite, que confere ao direito em questão a condição de direito do egoísmo, ou, segundo a leitura rousseauniana, o direito do homem dominado pelo *amour propre*.

> A sociedade torna-se uma porção de indivíduos livres e iguais, relacionados entre si como proprietários de suas próprias capacidades e do que adquiriram mediante a prática dessas capacidades. A sociedade consiste de relações de troca entre proprietários. A sociedade política torna-se um artifício

calculado para a proteção dessa propriedade e para a manutenção de um ordeiro relacionamento de trocas.[50]

A liberdade, nessa perspectiva, se caracteriza como um direito cujo exercício somente exclui o prejuízo no que concerne ao próximo, instaurando a lei os limites que o possibilitam, da mesma forma que o que determina uma propriedade em relação à outra é a cerca, o muro que as separam, convergindo para uma noção que mantém o homem sob a condição de isolamento, circunscrevendo-o a si mesmo, segundo a crítica que emerge da leitura rousseauniana e se sobrepõe à perspectiva burguesa (liberal), que encerra os *droits de l'homme* (direitos do homem) - que se distinguem dos *droits du citoyen* (direitos do cidadão) -, nas fronteiras dos direitos do membro da "sociedade civil", que não implica senão o homem dirigido pelo *amour propre*, a saber, o homem egoísta, considerado apartado do homem

---

[50] Macpherson, 1979, p. 257.

e da comunidade, conforme constata, posteriormente, Marx[51].

Caracterizando-se como a "distinção específica" do homem em relação ao animal, a liberdade se impõe como um atributo da sua condição natural, encerrando uma concepção que, contudo, não guarda compatibilidade com a perspectiva de Hobbes e de Locke, que defendem uma "liberdade negativa" que não implica senão na capacidade do indivíduo de satisfazer os seus interesses em face do outro cuja existência, trazendo consigo os mesmos direitos, se lhe impõe como termo, limite, e assim reciprocamente, tendo em vista que a leitura rousseauniana a interpreta não somente como "autonomia", se lhe conferindo positividade à medida que supõe que corresponde às leis de criação própria, mas também – se não antes – como um fenômeno que se articula ontologicamente com o dinamismo humano que emerge através da sua *perfectibilidade*, envolvendo, portanto, uma dimensão social e histórica, perfazendo a

---

[51] Marx, 2010.

conclusão de que se depende da atualização, posto que "natural", é a *práxis social* que a possibilita, tornando-se a sua manifestação menos um estado do que um processo.

À completude que o caracteriza como um ser natural, no estado em questão, que implica uma condição de independência, o que se impõe, no tocante ao estado cívico, que envolve uma relação com os outros semelhantes, é que o homem guarda dependência quanto a estes para se realizar, à medida que se torna um ser social, constituindo-se uma parte de uma totalidade que se lhe sobrepõe, a saber, a organização social, convergindo para uma noção de liberdade que não pode prescindir deste princípio e que longe de instituir o próximo como limite, baseado na separação entre os homens, tenha como pressuposição a sua união.

"'Unamo-nos', disse-lhes, 'para defender os fracos da opressão, conter os ambiciosos *e assegurar a cada um a posse daquilo que lhe pertence"* [52] . A liberdade se impõe, nessa perspectiva, como um direito que traz como fundamento a separação entre os homens, perfazendo o direito que implica a separação em questão e o indivíduo limitado, circunscrito a si mesmo, caracterizando uma noção que desconsidera absolutamente a união do homem com o homem, pressuposta na lógica da divisão da perspectiva burguesa, à qual se contrapõe a leitura rousseauniana, que à negatividade que se lhe é atribuída no âmbito da "sociedade civil" sobrepõe a positividade do seu exercício na esfera de uma organização que não emerge senão como igualitária.

Longe de se circunscrever ao âmbito da estéril formalidade, que se detém na dissimulação da escravidão, a concepção rousseauniana de liberdade civil não escapa à relação que implica uma igualdade que, não guardando raízes senão na realidade concreta, demanda uma base material, cuja inexistência converge

---

[52] Rousseau, 1999a, p. 100, grifos meus.

para a alienação, à medida que se os bens sociais, a riqueza material e cultural e as instituições sociais e políticas constituem um patrimônio construído coletivamente pelos indivíduos, a incapacidade destes no que tange à reapropriação efetiva dos resultados da sua criação, tendo em vista a divisão da sociedade em classes antagônicas, não perfaz senão o referido fenômeno, convergindo para engendrá-lo, segundo a leitura de Marx[53].

Nesta perspectiva, o pacto social se impõe, no tocante à liberdade, como não mais do uma caução, cabendo aos homens, na relação que implica uns e outros no âmbito da sociabilidade concreta, não menos do que a sua criação incessante, cujo processo demanda uma igualdade de caráter real, à medida que a formalidade se lhe atribuída converge para impedir uma efetiva participação do indivíduo na construção da Vontade Geral que,

---

[53] Marx, 2010.

expressando o interesse comum, torna-se, na esfera da coletividade, o veículo da sua manifestação, que, por essa razão, não tende senão ao autogoverno, à autogestão[54], tendo em vista a leitura que assinala que "cada um dando-se a todos não se dá a ninguém e, não existindo um associado sobre o qual não se adquira o mesmo direito que se lhe cede sobre si mesmo, ganha-se o equivalente de tudo o que se perde, e maior força para conservar o que se tem"[55].

Se não há possibilidade de que o homem, concernente à vida social, guarde a independência que caracteriza o estado natural, à medida que a "desnaturalização" ("desnaturação") que o processo de socialização implica converge para a emergência de um

---

[54] "(...) Cada um, determinando-se livremente por adesão ao que compreende ser o melhor para si mesmo, encontra todos os outros sujeitos racionais para ajustar livremente a instituição do mesmo contrato que realiza a Vontade Geral. Assim, todos os membros do corpo social se dão a si mesmos (criam contratualmente) uma lei geral (e isso será a autonomia) que os organiza sem gerar entre eles diferenças de poder, num sistema federal cuja 'circunferência está em toda parte, o centro em parte alguma'." (Guillerm; Bourdet, 1976, p. 52)

[55] Rousseau, 1999b, pp. 70-71.

novo ser, potencialmente existente antes, o que se impõe é a preservação da liberdade cuja perda não acarreta senão o comprometimento da sua humanidade, demandando o seu exercício no estágio civil, no âmbito da organização social, embora relativizado em comparação com a situação pré-civil, primitiva, uma igualdade que tenha base material, capaz de se sobrepor às diferenças que, vigorando naquela esfera, se desenvolvem posteriormente, transformando-se em desigualdades, conforme assinala Rousseau que, para superá-las, propõe uma ordem que, correlacionando liberdade e igualdade, atribua ao homem o papel que, perfazendo a sua condição de cidadão, o torna simultaneamente súdito (integrado) e soberano (integrante).

CAPÍTULO 2[56]

DA SOCIEDADE IGUALITÁRIA: DA POSSIBILIDADE DE CONCILIAÇÃO ENTRE LIBERDADE E IGUALDADE[57]

---

[56] O conteúdo do referido capítulo foi publicado em forma de artigo pela **Revista Portuguesa de Ciência Política** (*Portuguese Journal of Political Science*), ISSN 1647-4090, n. 3. pp. 11-24, 2013 **(I Parte - Do Humanismo)**, Lisboa, Portugal, sob o título *O direito de ser Homem: da alienação da desigualdade social à autonomia da sociedade igualitária na teoria política de Jean-Jacques Rousseau segundo a perspectiva do materialismo histórico e dialético*, e pela **PRACS: Revista Eletrônica de Humanidades do Curso de Ciências Sociais da UNIFAP**, ISSN 1984-4352, v. 7, n. 2, pp. 109-133, jul./dez. 2014 **(Temas e Debates das Humanidades Contemporâneas)**, Macapá - AP, Brasil, sob o título *Do direito de ser homem: da alienação da desigualdade social à autonomia da sociedade igualitária na teoria política de Jean-Jacques Rousseau.*

[57] "(...) a *liberdade* e a *igualdade*, cuja existência no estado de natureza é tradicionalmente afirmada, Rousseau pretende reencontrá-las no estado de sociedade, mas *transformadas*, tendo sofrido uma espécie de modificação química, '*desnaturadas*'. Há, repetindo as expressões de um erudito comentador da obra, M. Halbwachs, 'criação de uma ordem inteiramente nova e de uma ordem necessariamente justa pelo contrato'. Ou, para citar B. de Jouvenel em seu admirável *Ensaio sobre a Política de Rousseau*, há criação 'de uma nova natureza' no homem, permitindo a este superar a contradição, inerente ao estado social, entre suas inclinações individuais e seus deveres coletivos. Eis a primeira e

65

Se o estágio pré-social pressupõe uma condição que caracteriza o "homem natural" como "selvagem", se lhe atribuindo uma independência que guarda correspondência com o estado em questão, o que se impõe ao "homem civil" que emerge do *Discurso* não é senão um processo de alienação para o qual convergem a instauração da propriedade privada e a divisão do trabalho, tanto quanto a escravidão das paixões, preconceitos e vícios que em decorrência advêm, o que demanda a sua superação através de uma organização social que, não deixando de reconhecer o progresso como instaurador de conquistas fundamentais, venha impedir a manifestação das causas responsáveis pelos efeitos nocivos se lhe atribuídos, extirpando-as, à medida que, possibilitando o exercício da liberdade, se lhe confira autonomia, permitindo que o homem seja verdadeiramente homem.

---

capital invenção de Rousseau." (Chevallier, 1999, pp. 164-165, grifos do autor)

Perfazendo a necessidade natural, a carência, a conservação de suas propriedades e de suas pessoas, o único vínculo para o qual convergem as relações entre os homens, segundo a perspectiva do pacto do *Discurso*, o que se impõe aos direitos do homem é o paradigma do ser dominado pelo *amour propre*, o ser egoísta, circunscrito a si, cujo tipo, característico da "sociedade civil", não se detém senão nas fronteiras que encerram os interesses privados e as vontades arbitrárias, convergindo para uma noção que o encerra como um indivíduo que guarda condição de separabilidade em face da comunidade.

Se a "igualdade" para a qual converge a perspectiva burguesa, escapando à concreticidade do sentido político, não se impõe senão através da noção da "liberdade" que mantém o homem sob a condição de isolamento, circunscrevendo-o a si mesmo, a segurança se caracteriza como um direito que encerra o conceito da polícia, que emerge como o mais relevante da "sociedade civil" e implica que a sua razão de ser consiste na possibilidade de assegurar, no tocante aos seus membros, a conservação da sua pessoa, de seus direitos e de sua propriedade, convergindo, dessa forma, para a superestimação do egoísmo, não para a sua superação. Caracterizando a natureza humana como originalmente boa, a leitura rousseauniana, conferindo ao processo de socialização a corrupção, a degradação, a degeneração para a qual converge, se detém na problemática que envolve a possibilidade de conservação da sua qualidade originária, a saber, a liberdade, que, sob risco no âmbito da "sociedade civil", que encerra a propriedade privada e a divisão do trabalho como alicerces, demanda uma organização social que, atribuindo a primeira uma função social[58], a mantenha atrelada ao interesse comum da

---

[58] Se a perspectiva hobbesiana atribui à propriedade a condição de uma concessão do soberano, à medida que é a instituição do poder comum que viabiliza a sua emergência como tal, o que implica a impossibilidade de que se constitua um direito absoluto do indivíduo concernente ao Estado, a leitura rousseauniana, a despeito de tornar o Estado detentor dos bens de seus membros através do contrato, converge para as fronteiras que encerram a noção que envolve a sua capacidade de assegurar a legítima posse e a necessidade para a qual

coletividade, excluindo a segunda, à medida que propõe
uma igualdade econômica que impede a existência de ricos
e pobres, tanto quanto a possibilidade de uma relação que
implique a compra e a venda de mão-de-obra, a negociação
do trabalho[59], que instaura um sistema cuja funcionalidade
pressupõe não menos do que alienação.

Rousseau se opõe não ao poder alienante do dinheiro e da
propriedade, mas a um modo particular desse poder se exercer,
na forma de concentração da riqueza, e a tudo aquilo que

---

tende a transformação da "propriedade-fato" em "propriedade-direito"
no que tange ao controle social, visto que o Estado "está autorizado e
habilitado a intervir na propriedade à medida que a disparidade da
posse coloque em perigo a igualdade dos sujeitos jurídicos - e condene
classes isoladas de cidadãos à completa dependência econômica
ameaçando assim tomar-se um joguete nas mãos dos ricos e poderosos."
(Cassirer, 1999, p. 60)

[59]   Nesta perspectiva, a oposição rousseauniana no que concerne
à relação social que implica a negociação do trabalho remunerado, ou
seja, a compra e a venda de um cidadão em face de outro, não pode
guardar referência com a escravidão senão com a mão-de-obra
assalariada livre, cuja proibição, na organização social que propõe,
converge para caracterizar como anticapitalista um sistema que,
sobrepondo-se ao antagonismo que encerra a divisão de classes (ricos e
pobres), tende a proporcionar uma liberdade igualitária.

decorre da mobilidade social produzida pelo dinamismo do capital em expansão e em concentração.[60]

Se em face do contexto histórico ao qual Rousseau se circunscreve a contraposição em relação à "sociedade civil" vigente traz como base a perspectiva da classe constituída pelo pequeno camponês e pelo artesão, se lhe escapando a leitura característica que, posteriormente, através da emergência do proletariado (classe trabalhadora moderna), se torna o fundamento da referida crítica, à questão que envolve a estrutura econômica da organização social que defende como democrática se impõe não a socialização da propriedade mas a sua distribuição igualitária, que não tende senão a impedir a conversão de um sistema mercantil simples no modo de produção capitalista.

À leitura rousseauniana o que se impõe, no que concerne ao progresso, não é senão a relevância da contraditoriedade que o caracteriza, à medida que se no *Discurso* emerge os aspectos negativos do processo de

---

[60] Mészáros, 1981, p. 57.

socialização, que converge para a condição de alienação da desigualdade, o contrato assinala que a possibilidade que implica o exercício e o desenvolvimento das faculdades humanas, a expansão das suas ideias, o enobrecimento dos seus sentimentos, a elevação da sua alma, tende a se sobrepor às vantagens do estado de natureza desde que os "abusos" não incorram na sua degradação[61].

A perspectiva em questão não supõe senão, diante da conversão de um "animal estúpido e limitado" a um "ser inteligente e um homem" propriamente, tornando-o efetivamente humano, a necessidade de superação daquilo

---

[61] Conforme a exposição que Rousseau desenvolve em *Do Contrato Social*, quando, no Capítulo VIII (Livro Primeiro), que traz como título *Do Estado Civil*, estabelecendo uma comparação entre a condição do homem no estado civil e a sua existência no estado natural, afirma que, "embora nesse estado [estado civil] se prive de muitas vantagens que frui da natureza, ganha outras de igual monta: suas faculdades se exercem e se desenvolvem, suas ideias se alargam, seus sentimentos se enobrecem, toda a sua alma se eleva a tal ponto, que, se os abusos dessa nova condição não o degradassem frequentemente a uma condição inferior àquela de onde saiu, deveria sem cessar bendizer o instante feliz que dela o arrancou para sempre e fez, de um animal estúpido e limitado, um ser inteligente e um homem." (Rousseau, 1999b, p. 77)

71

O Direito de Ser Homem   Luiz Carlos Mariano da Rosa

que, carregando tal designação ("abusos"), chega a relegá-lo
a uma condição inferior a aquela da qual advém, acenando
o seu "realismo" político com a capacidade de assegurar a
unidade estrutural de uma teoria que, encerrando uma
posição crítica em face do sistema em vigor e defendendo
um modelo alternativo de organização social, demanda
tanto uma distinta modalidade de progresso como um tipo
diverso de homem. "O anthropos vive num intercâmbio
imprevisível entre o meio e a sua inventividade. A ética de
Rousseau consistirá em defender o ideal de uma
individualidade essencialmente *receptiva* à natureza e aos
outros."[62]

Se *Do Contrato Social* se caracteriza como uma
construção que tende à desalienação, que, guardando
relação com um processo que envolve a possibilidade de
conciliar liberdade e igualdade através de uma "alienação
parcial deliberada", a "Vontade Geral" e o interesse comum,
como fundamentos da ordem sociopolítica rousseauniana,

---

[62] Merquior, 1969, p. 225, grifo do autor.

não podem se constituir senão uma emanação do próprio cidadão, sob pena de que, caso contrário, acarrete a alienação, a condição determinante do *Discurso*, o pacto que por se impor em função da propriedade privada e da divisão do trabalho emerge como ilegítimo.

Se a liberdade é irrealizável sem a igualdade, esta, cuja emergência concreta se circunscreve ao âmbito da associação dos homens, não se impõe senão através de uma base material, o que demanda da organização social não menos do que o controle no que concerne à propriedade, que implica uma condição que guarda correspondência com os direitos econômicos atrelados ao exercício da cidadania que, segundo a leitura rousseauniana, envolve uma prática que demanda o referido conteúdo, à medida que traz como base a Vontade Geral e o interesse comum, tendo em vista a impossibilidade desta inter-relação na esfera de uma sociedade caracterizada pela desigualdade, que pressupõe a prevalência dos interesses privados dos indivíduos em detrimento daquele, o qual, para o bem da coletividade, se lhes deve sobrepor.

Nesta perspectiva, se a igualdade material, a possibilidade de uma condição equivalente no que concerne a todos indistintamente, se impõe ao estado social, que encerra a capacidade de se sobrepor à desigualdade que em função da própria natureza através da força ou do gênio emerge, se a lógica do sistema rousseauniano tende ao controle social da propriedade não é senão em função do propósito que envolve a constituição do povo como sujeito coletivo, que implica no exercício da soberania para a qual converge a Vontade Geral, tendo em vista a necessidade de assegurar, acerca da igualdade, as bases materiais, cuja leitura sublinha que as questões conteudísticas guardam primazia em relação aos problemas que caracterizam os procedimentos formais, se lhes precedendo ontologicamente.

I PARTE

SOBERANIA POPULAR E DEMOCRATIZAÇÃO: DOS PROCEDIMENTOS AOS CONTEÚDOS

Convergindo o estabelecimento do pacto para a legitimação, na esfera econômico-social, da desigualdade, tanto quanto da sua principal causa, a propriedade privada, o que se impõe às "relações sociais de produção" não é senão um processo que, no âmbito político (supraestrutura política), tende a opressão, ao arbítrio, ao despotismo, implicando uma conclusão que assinala que do anti-igualitarismo da formação econômico-social emerge uma ordem política cuja instituição engendra um contexto que, segundo a leitura rousseauniana, possibilita o direito de rebelião[63].

---

[63] O direito de rebelião não se impõe somente contra o despotismo, conforme defende Locke, mas também em relação à própria "sociedade civil", à medida que se aquela ordem política emerge de uma organização social caracterizada pela desigualdade, esta última, que a origina, não o faz senão em virtude de condicionar o bem comum ao

75

O conceito de legitimidade que se impõe à teoria política de Rousseau não se circunscreve ao âmbito da ordem política especificamente, tal como assinala a perspectiva delineada por Locke e pelos liberais, mas guarda correspondência com a organização social, convergindo para a pressuposição que, sobrepondo-se à questão dos procedimentos, envolve os conteúdos, conforme sublinha a leitura do *Discurso* que, implicando o estabelecimento de um contrato que, tendo como base o consenso, se caracteriza como detentor de uma legitimidade formal, que não se torna capaz, contudo, de mantê-lo em vigor, à medida que instrumentaliza a consolidação de uma estrutura que, perfazendo-se como anti-igualitária, encerra ilegitimidade.

Defendendo a perspectiva que assinala que "só a Vontade Geral pode dirigir as forças do Estado de acordo

---

exercício do *amour propre* do "individualismo possessivo" da concepção smithiana.

com a finalidade de sua instituição, que é o bem comum"[64],
à questão que envolve os procedimentos a leitura
rousseauniana impõe uma análise que longe de se
circunscrever às formas de governo implica na consideração
da soberania popular como condição de legitimidade para
diferentes tipos de governo ou regime político,
constituindo-se as "regras do jogo" no âmbito de uma
sociedade efetivamente livre e igualitária, à medida que o
seu funcionamento depende de um modo específico de
constituição da organização econômico-social, a saber,
aquele que, atrelado ao controle social da propriedade,
implica na base material da igualdade, possibilitando a sua
garantia, tendo em vista que,

sob os maus governos essa igualdade é somente aparente e
ilusória; serve só para manter o pobre na sua miséria e o rico na
sua usurpação. Na realidade, as leis são sempre úteis aos que
possuem e prejudiciais aos que nada têm, donde se segue que o

---

[64] Rousseau, 1999b, p. 85.

estado social só é vantajoso aos homens quando todos eles têm alguma coisa e nenhum tem demais.[65]

Questionando a pretensão que envolve a construção da forma política legítima em face da organização social que emerge *a priori* como "natural", à medida que se constitui como uma formação que necessariamente detém os caracteres "antropológicos" dos seus indivíduos, a perspectiva rousseauniana tende a se contrapor à perspectiva lockeana, tendo em vista que se reconhece que a "sociedade civil" guarda correspondência com a estrutura pulsional humana, tal relação, além de implicar um tipo de organização social que nao se esgota como a única possibilidade, instaura um processo que converge para o comprometimento dos valores que se caracterizam como essenciais para o exercício da sua *perfectibilidade*, o desenvolvimento do homem enquanto tal.

Nesta perspectiva, sobrepondo-se ao aspecto político-procedimental, o caráter globalmente societário que se

---

[65] Rousseau, 1999b, p. 81, grifos meus.

impõe ao contrato rousseauniano não emerge senão através da leitura que propõe no que concerne ao verdadeiro fundamento da sociedade, o ato pelo qual o povo se faz povo – ou *é -*, que guarda antecedência àquele que envolve a escolha que se lhe atribui quanto ao regime político[66].

Defendendo a perspectiva de que "se não houvesse um ponto em que todos os interesses concordassem, nenhuma sociedade poderia existir" [67] , à leitura rousseauniana se impõe a consideração de que o seu governo depende dessa base, a ela se limitando à medida que o "liame social" é formado através do "que existe de comum" nos interesses particulares de cuja oposição advém a necessidade quanto ao estabelecimento da organização

---

[66] Segundo a perspectiva que a leitura rousseauniana impõe, estabelecendo uma relação de correspondência substancial envolvendo o *social* e o *político*: "Antes, pois, de examinar o ato pelo qual um povo elege um rei, conviria examinar o ato pelo qual um povo é povo, pois esse ato, sendo necessariamente anterior ao outro, constitui o verdadeiro fundamento da sociedade." (Rousseau, 1999b, p. 68)

[67] Rousseau, 1999b, p. 85.

social, a "formação" do interesse comum, que emerge
através da Vontade Geral, trazendo-a como sua expressão,
não guarda dependência dos procedimentos formais senão
do conteúdo social, tendo em vista que a capacidade
daqueles, a saber, que envolve as "regras do jogo" da
soberania popular, se circunscreve à garantia de que o
interesse em questão determina a ação daquela instituição
que traz como finalidade o bem comum.

Se as "regras do jogo" perfazem uma condição
necessária para a instauração da democracia[68], o que se
impõe ao seu exercício é mais do que as formas de
representação que a caracteriza no âmbito do liberalismo
senão também a construção de institutos que possibilitem
um processo direto, participativo, além da criação de
instrumentos jurídicos e econômico-sociais que viabilizem a
sua prática, convergindo para a emergência do viés

---

[68] Em lugar de uma noção que pressupõe um fenômeno por si
completo, o que se impõe à democracia não é senão um processo, pois,
que implica a sobreposição da ideia envolvendo "democratização",
segundo o filósofo marxista Georg Lukács.

subversivo e anticapitalista em cujas fronteiras guarda raízes e sobrepujando a definição minimalista que a ideologia (burguesa) se lhe atribui.

Guardando correspondência com o interesse comum, a emergência da Vontade Geral demanda igualdade de riquezas e de propriedade, pressupostos que se implicam mutuamente na "forma de associação" que Rousseau propõe, convergindo para uma restrição do direito de propriedade, que, contrariamente à condição de direito natural inalienável da perspectiva de Locke, deve se manter subordinado ao interesse comum, perfazendo uma limitação que possibilita o exercício da soberania, à medida que confere solidez ao vínculo social, o que o atrela à base material, deixando supor que o caráter formal não é suficiente para sustentar a referida relação[69].

---

[69] Conforme defende Rousseau, à medida que afirma que "de qualquer forma que se realize tal aquisição, o direito que cada particular tem sobre seus próprios bens está sempre subordinado ao direito que a comunidade tem sobre todos, sem o que não teria solidez o liame social, nem força verdadeira o exercício da soberania." (Rousseau, 1999b, p. 81)

Nessa perspectiva, se o caráter minimalista ou "procedimental" atribuído à nova versão da democracia, que não converge senão para o esvaziamento da sua dimensão econômica e social, impossibilita o exercício da igualdade "real", não é senão em função de que a inexistência de uma base material se lhe confere a estéril formalidade que reduz a capacidade do cidadão quanto à construção da Vontade Geral, que se impõe à soberania popular.

II PARTE

DA VONTADE GERAL E A INTER-RELAÇÃO ENVOLVENDO LIBERDADE E IGUALDADE

Contrapondo-se à concepção hobbesiana que traz como fundamento o *homo homini lupus*, cuja condição caracteriza o estado de natureza e justifica a instauração do Estado, a leitura rousseauniana se detém na questão que envolve, concernente à instituição da ordem sociopolítica, a possibilidade de manutenção daqueles atributos que perfazem a condição humana no estágio pré-social, a saber, a liberdade e a autodeterminação, convergindo para uma perspectiva que encerra a legitimação do poder através de uma construção que implica a inter-relação que abrange "soberania"[70] e "Vontade Geral"[71].

---

[70] Cabe salientar que a legitimidade da ordem política impõe uma condição que encerra o homem como súdito e cidadão, simultaneamente, à medida que a teoria política de Rousseau assinala que "a declaração da vontade soberana em legislação é por meio da VONTADE GERAL, que é a única que legitima a LEI. Como súdito,

Ao caráter antagônico da relação que envolve a liberdade natural humana e a necessidade de uma ordem política, se impõe, referente à busca da legitimidade desta última, a questão da possibilidade de conciliação, que não demanda senão a definição das condições de uma organização social que seja capaz de se manter justa, guardando em seu âmago, como fundamento, imunes à qualquer tipo de opressão, a liberdade e a igualdade, que implicam que embora cada um dos que compõem uma estrutura social se submeta às regras comuns que a

---

cada indivíduo está subordinado a uma lei em cuja elaboração participou como membro do corpo soberano. Na opinião de Rousseau, nenhuma outra base da lei pode ser legítima. A lei que é proclamada por apenas alguns poucos num estado impõe servidão àqueles que são compelidos a sujeitar-se-lhe e não lhes estabelece nenhuma obrigação de obediência." (Dent, 1996, p. 90)

[71] A oposição que se impõe à relação que envolve a condição humana no âmbito natural e na esfera social não converge senão para aquela que, no que tange ao estado humano, implica, respectivamente, situação de não-alienação e o caráter de autoalienação, constituindo-se um projeto que encerra a finalidade de eliminar a alienação a proposta rousseauniana, que procura se lhe sobrepor através da superação da contradição entre a Vontade Geral (*volonté générale*) e a vontade particular (*volonté particulière*). (Bottomore; Outhwaite, 1996)

perfazem não obedeça ou se sujeite, no entanto, a ninguém em particular, emergindo o "povo soberano", nesta perspectiva, como a solução para o referido problema à medida que encerra a concepção que o identifica como a única fonte legítima do poder e seu único detentor, tendo em vista que

> o ato de associação compreende um compromisso recíproco entre o público e os particulares, e que cada indivíduo, contratando, por assim dizer, consigo mesmo, se compromete numa dupla relação: como membro do soberano em relação aos particulares, e como membro do Estado em relação ao soberano.[72]

Sobrepujando o sentido que a reduzia ao âmbito de uma multidão dispersa, à livre associação de indivíduos se impõe um povo, que converge para constituir um corpo coletivo e moral através de um contrato social, que se caracteriza como um ato convencional que emerge como pioneiro e inaugural e acena com uma alienação total da liberdade natural de cada um dos contratantes em função

---

[72] Rousseau, 1999b, p. 73.

de toda a comunidade, implicando a renúncia de cada um à sua vontade particular neste processo no surgimento da Vontade Geral, vontade do corpo social que tem como objetivo o interesse comum e em cujo exercício reside a soberania do povo.

Nesta perspectiva, que implica na posse da autoridade suprema pelo povo, que a detém, enquanto soberano, cada um dos contratantes torna-se membro deste, assumindo a condição de cidadão e súdito[73], simultaneamente, à medida que se participa na autoridade soberana se lhe cabe também se submeter a ela, visto que se impõe como uma mesma vontade aquela que, no tocante às leis, as faz e as obedece, que caracteriza o sentido da autonomia, segundo a leitura de Rousseau, que assinala que a obediência cada qual somente a guarda em relação a si próprio ao obedecer a todos, não havendo a possibilidade de que a coação seja

---

[73] "Quanto aos associados, recebem eles, coletivamente, o nome de *povo* e se chamam, em particular, *cidadãos*, enquanto partícipes da autoridade soberana, e *súditos* enquanto submetidos às leis do Estado." (Rousseau, 1999b, p. 71, grifos do autor)

exercida, tendo em vista que o livre assentimento não é senão a norma de legitimação dessa associação, que traz, diante da admissão da cidadania, como determinação da Vontade Geral, a regra majoritária.

Se "a vontade particular tende pela sua natureza às predileções, e a Vontade Geral, à igualdade" [74] , a possibilidade envolvendo um conflito entre ambas, que converge para a concepção que assinala a alienação do indivíduo em face da "tirania da maioria", se impõe a leitura de que esta última (a Vontade Geral), como expressão do interesse comum, contrapondo-se às tendências e aos objetivos egoístas que caracterizam aquela (a vontade particular), não demanda senão, segundo a própria lógica do contrato social, que cada um dos contratantes, enquanto sujeito à soberania, cumpra, em nome de uma decisão que resulta do seu exercício, a sua obrigação, obedecendo-a, o que não implica jamais na perda da liberdade mas antes na sua conservação, uma vez

---

[74] Rousseau, 1999b, p. 86.

que é diante de si mesmo que cada qual, enfim, guarda obediência.

Nesta perspectiva, a "Vontade Geral" não consiste em uma simples concordância, perfazendo um mero somatório das vontades particulares, à medida que estas se impõem não raras vezes pelo antagonismo, convergindo para a emergência de antinomias entre as mesmas, a despeito da impossibilidade de supressão de qualquer uma delas, cuja possibilidade não tende senão a acarretar a perda de alguma liberdade particular, comprometendo o caráter da "Vontade Geral" que, contrapondo-se à "vontade da maioria", que guarda possibilidade de divergir do interesse comum, ameaçando-o, inclusive, não corresponde senão à "vontade moral", à medida que legisla em função da razão pública.

Se há possibilidade de que o povo se engane, à Vontade Geral a leitura de Rousseau atribui uma condição que a mantém, em princípio, pela sua própria natureza, como sempre correta, à medida que não visa senão ao bem comum, tornando-se necessária, nessa perspectiva, a distinção que assinala que se a "vontade de todos" perfaz uma soma envolvendo vontades particulares, a Vontade Geral se impõe como resultado da soma que implica em pequenas diferenças, constituindo-se a lei, para a qual converge a deliberação, a sua expressão imperativa e universal. O contrato social possibilita, dessa forma, a transição de uma situação caracterizada pela sujeição aos homens para outra, que estabelece a dependência das leis, configurando-se o Estado por estas regido uma República, segundo a interpretação em questão, que acena com uma democracia direta (ou participativa), que, sublinhando que a vontade não se dispõe à representação, defende que o povo reunido em assembleia "delibera em pessoa".[75]

Trazendo um fundamento que emerge através da noção de "Vontade Geral", o que se impõe à leitura

---

[75] "Afirmo, pois, que a soberania, não sendo senão o exercício da vontade geral, jamais pode alienar-se, e que *o soberano, que nada é senão um ser coletivo, só pode ser representado por si mesmo*. O poder pode transmitir-se; não, porém, a vontade." (Rousseau, 1999b, p. 86, grifos meus)

rousseauniana é a teoria da legitimidade do poder político, cuja inexistência de princípios e critérios converge para atribuir ao seu exercício a condição que implica um mero fenômeno arbitrário, instituindo o direito como força, contrapondo-se à natureza, à medida que encerra o efeito (a força) no lugar da causa (o direito), invertendo a ordem dos termos, acenando com um paradoxo, pois ao direito que consiste na força, não a detendo, por essa razão, não cabe senão a ilegitimidade, excluindo a obrigação concernente a sua obediência, a despeito da incapacidade da constatação da referida infração (referente ao princípio de causalidade) de destituir o poder vigente, conforme assinala a realidade histórica, que se sobrepõe à intervenção teórica, colocando em questão, não a tese em si, mas o tipo de reação social que se aplica ao contexto sociopolítico que relaciona o direito à força e, consequentemente, detém um poder ao qual escapa qualquer demanda legítima de sujeição[76].

---

[76] "Se se impõe obedecer pela força, não se tem necessidade de obedecer por dever, e, se não se for mais forçado a obedecer, já não se

Se a vontade de todos guarda correspondência com o interesse privado, caracterizando-se como a soma das vontades particulares, a Vontade Geral, que se lhe distingue, não se impõe senão como o interesse comum, convergindo a relação de ambas para incompatibilizar liberalismo e democracia, contrapondo-os, à medida que a concepção liberal não se sobrepõe ao conceito rousseauniano que envolve vontade de todos, detendo-se, dessa forma, nas fronteiras que assinalam uma eventual convergência de interesses que, embora carreguem a possibilidade de estabelecerem uma intersecção, perfazendo o conjunto majoritário, nem por essa razão perdem a condição de privados, tendo em vista a perspectiva que implica a organização social, circunscrita ao âmbito de um agregado de interesses individuais, alcançando relevância, sob tal

---

estará mais obrigado a fazê-lo. Vê-se, pois, que a palavra *direito* nada acrescenta à força – nesse passo, não significa absolutamente nada.
(...)
Convenhamos, pois, em que a força não faz o direito e que só se é obrigado a obedecer aos poderes legítimos." (Rousseau, 1999b, p. 59-60, grifo do autor)

leitura, as "regras do jogo", os procedimentos formais, em detrimento da questão dos conteúdos e valores, relegados ao arbítrio individual, que se constitui, segundo a definição se lhe atribuída na referida proposta, a essência da "liberdade negativa".

Caracterizando-se como necessários, os procedimentos formais, contudo, no que tange à democracia, não se lhe guardam suficiência, à medida que a igualdade material que a leitura rousseauniana defende como condição *sine qua non* da "liberdade positiva" não demanda senão um consenso normativo envolvendo conteúdos, cuja possibilidade depende da emergência de um interesse comum que, sobrepondo-se aos interesses individuais, se manifeste por intermédio da Vontade Geral, que converge para a sua expressão.[77]

Se a Vontade Geral implica em uma igualdade que não se impõe senão, segundo a leitura rousseauniana,

---

[77] Coutinho, 1996.

através de uma base material, ao interesse comum, com o qual guarda correspondência, expressando-o, demandando um conteúdo social que se sobrepõe aos procedimentos formais, cabe uma ascendência do indivíduo que se caracterizando como um processo de elevação perfaz, menos do que uma conscientização que, emergindo do campo das relações (sociais) de produção (vida material e espiritual), envolva "interesses objetivamente comuns", uma articulação que se mantém sob o horizonte ético, convergindo para um "idealismo moralizante" que pretende a superação da contraposição envolvendo o público e o privado, o comum e o individual.

CAPÍTULO 3[78]

DA VONTADE GERAL COMO CONDIÇÃO
PARA O EXERCÍCIO DA SOBERANIA POPULAR

Se supõe um "estado de natureza" que mantém
anterioridade em relação à formação da sociedade, tal como
o defende a perspectiva jusnaturalista, ao individualismo
que se caracteriza como possessivo à medida que atribui ao
homem desde o instinto de posse até o desejo de
acumulação contrapõe-se a leitura rousseauniana que,
acusando a transposição da condição humana da
"sociedade civil" para o estágio pré-social, encerra a

---

[78] O conteúdo do referido capítulo foi publicado em forma de artigo,
sob o título *Da vontade geral como condição para o exercício da soberania
popular em Jean-Jacques Rousseau*, pela **RCH - Revista de Ciências
Humanas da UNITAU**, ISSN 2179-1120, v. 7, n. 2, , pp. 205-232,
jul./dez. 2014 **(Multiplicidade, Contextos e Interdisciplinaridade)**,
Taubaté - SP, Brasil, pela **Revista Latitude da UNIFAL**, ISSN 2179-
5428, v. 9, n. 1, pp. 99-130, 2015, Maceió - AL, Brasil, e pela **Revista
Problemata: Revista Internacional de Filosofia (International Journal
of Philosophy)**, ISSN-e 2236-8612, v. 6, n. 2, pp. 151-177, 2015, João
Pessoa - PB, Brasil.

"possessividade" sob a acepção de uma de suas
virtualidades, cuja atualização depende do processo de
socialização, que guarda possibilidade de provocar ou não a
sua emergência.

Ao caráter natural da "possessividade" que emerge da
teoria da sociedade, tanto da leitura hobbesiana como da
perspectiva lockeana, o que se impõe é uma organização
capaz de possibilitar a garantia dos interesses dos
indivíduos [79] , cuja demanda, implicando desde a
conservação (segurança pessoal) até a propriedade, o estado
de natureza, em virtude da sua condição de instabilidade,
não mais pode assegurar, à medida que se em face do
egoísmo "o homem se torna um lobo para o outro homem"

---

[79] Alcança relevância, nessa perspectiva, a diferenciação envolvendo as
concepções políticas de sociedade em questão: "A dicotomia
comunidade-associação pode ser ligada a contrastantes concepções
políticas de sociedade – como uma livre associação de indivíduos em
competição (visão liberal/hobbesiana) ou como um coletivo que é mais
que a soma de suas partes, um corpo edificante através do qual é
possível concretizar a autêntica cidadania (visão
socialista/rousseauniana)." (Bottomore; Outhwaite, 1996, p. 116)

(*homo homini lupus*), as disputas não acarretam senão "a guerra de todos contra todos" (*bellum omnium contra omnes*).

> A forma da sociedade existente até agora sobrecarregou os homens com inúmeros males, envolvendo-os cada vez mais profundamente com o erro e o vício. Mas esse envolvimento não é um destino inevitável ao qual o homem está submetido. Ele pode e deve livrar-se dele ao tomar as rédeas de sua própria história - ao transformar o mero *ter de* em *querer* e em *dever*. É coisa dos homens e está em seu poder transformar em benção a maldição existente até agora sobre todo o desenvolvimento estatal e social. Mas eles só podem resolver essa tarefa depois de se compreenderem e encontrarem a si mesmos.[80]

Se a natureza do homem não emerge senão através da autossuficiência do desejo, carregando em si o princípio da violência se lhe escapa a capacidade de estabelecer "de direito" o Estado, impossibilitando-a de se impor como o fundamento do contrato, perfazendo uma situação que assinala que, embora a sociedade se caracterize como produto da natureza, há uma ruptura entre ambas, à medida que traz como base a Vontade Geral, expressão do corpo moral e coletivo que o pacto engendra, do corpo

---

[80] Cassirer, 1999, p. 64, grifos do autor.

político na sua atividade, do conjunto dos "cidadãos", do povo incorporado que nesta condição se torna "soberano" e que em sua passividade, sob a acepção de "conjunto de súditos", configura o "Estado", se lhe mantendo submetido[81].

A "sociedade civil" que Rousseau descreve no *Discurso* não se caracteriza senão como um estágio de rápida e intensa generalização das relações mercantis que, convergindo para a dominação do capital, se antepõe imediatamente à instauração do capitalismo propriamente dito, configurando um processo que, envolvendo a ampliação crescente da divisão do trabalho, da multiplicação das demandas e das necessidades humanas, traz como base o progresso cujo agente, o indivíduo, busca

---

[81] Convém salientar que, "como o soberano é 'formado apenas pelos particulares que o compõem', o pacto social reduz-se na realidade a um engajamento do povo consigo mesmo", tendo em vista que "os associados alienam-se com todos os seus direitos a toda a comunidade", convergindo, pois, essa "alienação total", para torná-los simultaneamente súditos e membros do soberano. (Derathé, 2009, p. 341)

o próprio interesse, o qual tem o lucro privado como a sua expressão, leitura que se inicialmente correlaciona Rousseau e Adam Smith, posteriormente assinala a diferença entre ambos, à medida que se o segundo defende a intervenção de uma "mão invisível" harmonizando os conflitos individuais no sentido de que cooperem para o bem-estar geral, o primeiro, contrapondo-se ao otimismo em questão, advoga que a organização social em referência, determinada pelas leis de mercado, tende a intensificação da desigualdade social, que sobrepondo-se àquela que vigora no plano natural contribui para o engendramento de uma série de consequências que alcançam o âmbito da moral social e individual, perfazendo-as.

A relação já não mais se estabelece diretamente de consciência para consciência: ela agora passa por coisas. A perversão que daí provém não apenas do fato de que as coisas se interpõem entre as consciências, mas também do fato de que os homens, deixando de identificar seu interesse com sua existência pessoal, identificam-no doravante com os objetos interpostos que acreditam indispensáveis à sua felicidade. O eu do homem social não se reconhece mais em si mesmo, mas se busca no exterior, entre as coisas; seus meios se tornam seu fim.[82]

Nesta perspectiva, se não se detém no *ancien regime* feudal-absolutista, supondo a defesa da "democracia burguesa" que, emergindo, se lhe contrapõe, a crítica rousseauniana não se impõe senão à própria "*societé civile*" da época que, originalmente "burguesa", caracteriza-se pela desigualdade, à medida que a acumulação das riquezas ameaça a liberdade, e a instauração da "tirania dos ricos" que advém, conforme sublinha Derathé[83], compromete a capacidade do Estado de proteger os cidadãos, convergindo para a necessidade de uma proposta que, identificando as suas causas (a propriedade privada, a divisão do trabalho e a alienação), possibilite a sua superação através da construção de uma organização social democrática e igualitária, a saber,

---

[82] Starobinski, 1991, p. 35.

[83] Derathé, 2009, p. 520.

uma república autogovernada cujo fundamento seja a Vontade Geral[84], conforme expõe em *Do Contrato Social.*

Se no processo de desenvolvimento social o que cabe à natureza humana não é senão uma transformação de caráter imperceptível que sobrepõe ao amor de si (instinto de autopreservação) e ao sentimento de piedade (interindividual) o amor-próprio, que se circunscreve ao interesse pessoal[85], a organização da convivência coletiva através de princípios racionais e éticos demanda uma

---

[84] Convém salientar que "(...) Rousseau de modo algum vê no Estado uma mera associação, uma comunidade de interesses e nem um equilíbrio dos interesses de vontades isoladas. O Estado não é, segundo ele, um mero sumário empírico de determinados impulsos e inclinações, de determinadas veleidades, mas é a forma na qual a *vontade*, enquanto *vontade moral*, realmente existe - na qual a passagem da mera arbitrariedade para a *vontade* pode se concretizar." (Cassirer, 1999, p. 63, grifos do autor)

[85] "Com as relações sociais, tudo muda. O amor de si, que no estado de natureza era um sentimento absoluto, torna-se um 'sentimento relativo pelo qual nos comparamos', transforma-se em amor-próprio e engendra nos homens um apetite insaciável de dominação. A desigualdade, cujos efeitos quase não se faziam sentir no estado de natureza, torna-se preponderante e exerce uma influência nefasta sobre as relações de homem a homem." (Derathé, 2009, p. 355)

mudança que implica a superação da condição determinante para o comprometimento da solidariedade social, cujo fenômeno, transpondo as fronteiras da subjetividade, guarda correspondência com a produção humana concreta, a formação econômico-social, em suma, remetendo à instituição da sociedade civil, à sua gênese, que traz como fundamento a propriedade privada, a divisão do trabalho e a alienação, consequencialmente.

Nesta perspectiva, pois, se a radicalização envolvendo a premissa de indivíduos caracterizados pela liberdade e pela igualdade se impõe como o fundamento legítimo para a instauração do corpo político e a constituição da sua autoridade, a condição que implica uma perspectiva essencialmente não-individualista, para a qual converge a leitura rousseauniana, não demanda senão uma concepção de liberdade e igualdade que se mantém atrelada ao âmbito da sociabilidade concreta, sobrepondo-se à qualquer construção identitária que, no que tange à sua definição, se circunscreva ao horizonte da abstração, emergindo de um hipotético estágio pré-cívico ou situação pré-social e prescindindo de um diálogo com os princípios racionais e éticos que devem regular uma organização social justa.

> A associação civil tem essencialmente como finalidade impedir que um dos associados possa submeter um outro deles à sua vontade e, ao neutralizar os efeitos das desigualdades sociais, assegurar a todos os cidadãos o equivalente de sua independência natural. Por certo, existe uma certa desigualdade no estado de natureza, mas, "nesta, sua influência é quase nula" [Discurso], porque, nesse estado, os homens não têm, por assim dizer, relações entre eles. Enquanto vive no estado selvagem, o homem "basta-se a si mesmo" [Emílio]: como ele pode dispensar a assistência de seus semelhantes, ele os ignora; mas, uma vez que se tornou sociável, ele tem necessidade deles, assim como estes têm necessidade dele. Todo mal ou, se quisermos, todas as contradições do sistema social vêm dessa dependência mútua, da qual cada um procura tirar o máximo de benefício a expensas de outrem, pois, na ausência de uma regra que seja respeitada por todos, só pode reinar o arbitrário nas relações entre os indivíduos.[86]

A organização social para a qual converge o contrato não pode ter em sua constituição uma liberdade que guarde raízes nas fronteiras de uma noção de indivíduo abstrato, reduzido, pois, a um átomo de racionalidade na referida

---

[86] Derathé, 2009, p. 338.

estrutura, tendo em vista o caráter negativo se lhe atribuído em função de uma perspectiva que sobrepõe, em suma, o privado ao comum, o particular ao coletivo, comprometendo o próprio sentido da instituição em questão, que consiste em uma construção cuja tendência implique no desenvolvimento das condições necessárias para a afirmação do homem enquanto tal no âmbito da sociabilidade, o que demanda não menos do que uma igualdade substantiva, baseada na vida econômica, se é esta que determina o seu destino sócio-histórico, tanto quanto, antes, o lugar a partir do qual inevitavelmente emerge.

Se o contrato social encerra uma tensão envolvendo o mundo privado e o mundo público, o que se impõe ao homem como "membro do soberano" é a superação do interesse particular para o qual converge a sua vontade particular em nome do interesse geral ou comum que emerge como resultado da Vontade Geral, de cuja construção inevitavelmente participa naquela condição, o que implica a impossibilidade do integrante do corpo coletivo ou moral em questão se contrapor a si mesmo como aos demais que através de um ato se tornaram um povo, à medida que se lhes escapa outra forma de associação que os capacite a conservar a liberdade e a engendrar a autonomia, tendo em vista que, nesta perspectiva, a preeminência das vontades particulares no âmbito da coletividade representa a desestruturação do pacto, a invalidação dos seus princípios, que pretendem, em suma, o estabelecimento de uma ordem igualitária[87].

---

[87] "Se sobrassem aos particulares alguns direitos dos quais pudessem usufruir sem a permissão do soberano, a vontade geral deveria inclinar-se diante das vontades particulares ou, ao menos, medir-se com elas; ela deixaria de lhes ser superior e de lhes impor sua lei. Deixar-se-ia, assim, subsistir a oposição das vontades particulares que se propunha precisamente suprimir." (DERATHÉ, 2009, p. 339)

I PARTE

DA VONTADE GERAL COMO RESULTADO DO PROCESSO DE OBJETIVAÇÃO DOS VALORES, NECESSIDADES E OBJETIVOS DO CORPO COLETIVO E MORAL

Se sobrepõe-se, no tocante ao arcabouço coletivo, à estrutura predominante na Antiguidade, que não transpõe as fronteiras que encerram a noção que envolve as comunidades naturais e o seu caráter orgânico, como também à perspectiva política da Idade Medieval e ao seu providencialismo divino, o que se impõe, na modernidade, é a pluralidade da organização social que, guardando correspondência com uma visão laica da existência, emerge do contrato que, carregando a necessidade de estabelecer a correlação fundamental abrangendo liberdade e igualdade, converge para a questão que implica a oposição entre as vontades individuais e os interesses particulares que se lhe estão atrelados e o interesse comum para o qual inescapavelmente tende a sociedade enquanto tal, constituindo-se a Vontade Geral a possibilidade de superação que a própria ordem sociopolítica demanda.

> Se quisermos saber no que consiste, precisamente, o maior de todos os bens, qual deva ser a finalidade de todos os sistemas de legislação, verificar-se-á que se resume nestes dois objetivos principais: a *liberdade* e a *igualdade*. A liberdade, porque qualquer dependência particular corresponde a outro tanto de força tomada ao corpo do Estado, e a igualdade, porque a liberdade não pode subsistir sem ela.[88]

À questão que implica a necessidade que envolve a superação do *amour propre* e dos interesses particulares que se lhe estão atrelados a fim de possibilitar a construção da Vontade Geral, que requer uma relação entre os homens que pressuponha que enquanto se ocupe e se preocupe consigo mesmo não exclua os demais e enquanto pense nestes, tendo-os como alvo de cuidado, pense simultaneamente em si, o que se impõe é uma transformação na natureza humana, à medida que supõe a

---

[88] Rousseau, 1999b, p. 127, grifos do autor.

unanimidade, concernente à vida pública e ao seu fundamento, acerca da adoção de um princípio de justiça política que, no caso, somente pode guardar raízes nas fronteiras constitutivas dos indivíduos em sua concreticidade histórico-cultural, a saber, na formação econômico-social, que não é senão aquela que, no que tange à sua realidade, se lhe determina objetivamente, tendo em vista a lógica da racionalidade que a preside, condicionando a interiorização dos valores e práticas, condutas e comportamentos, necessidades e objetivos que carrega[89].

Se a Vontade Geral emerge como resultado de um consenso que implica a incapacidade de resistência diante da realidade que assinala a possibilidade de sua supressão, convergindo para uma determinação que se circunscreve às

---

[89] "A fim de que um povo nascente possa compreender as sãs máximas da política, e seguir as regras fundamentais da razão de Estado, seria necessário que o efeito pudesse tornar-se causa, que o espírito social – que deve ser a obra da instituição – presidisse à própria instituição, e que os homens fossem antes das leis o que deveriam torna-se depois delas." (Rousseau, 1999b, p. 112)

fronteiras da negatividade, cujo direito se detém no horizonte da "sobrevivência", transpondo o caráter abstrato da sua condição elementar, o que se impõe é a necessidade da instauração de um momento positivo, que conduza a razão da passividade (teórica) à atividade (prática), perfazendo uma lógica que demanda a consideração dos indivíduos na sua "existência absoluta", detentores, pois, de necessidades próprias em virtude da sua desigualdade natural ou física que, consequentemente, sublinha a vontade particular e a sua expressão, tornando-se, em certo sentido e grau, incompatível a "vontade de todos" e a "Vontade Geral", constituindo-se o "dever" de obedecer a um compromisso que, no que tange à vontade coletiva, se lhe sobreponha as vontades individuais no sentido de alcançarem a intersecção que a sua emergência supõe como produto real dos valores, das necessidades e dos objetivos da coletividade, além de configurar a referida "obrigação" o reconhecimento do poder de coação do Estado concernente à positividade que encerra a vontade individual[90].

Nesta perspectiva, pois, se caracteriza-se em sua constitutividade pela correlação de forças antagônicas, o homem em sua concreticidade histórico-cultural, econômico-social e política não carrega senão diversos interesses que, guardando correspondência com as suas necessidades, sejam elas verdadeiras ou falsas, convergem para uma articulação que, envolvendo o público e o privado, o comum e o individual, se mantém sob o horizonte ético, o que implica a construção do interesse geral que, embora sobrepondo-se aos interesses particulares, não advém por

---

[90] "Cada indivíduo, com efeito, pode, como homem, ter uma vontade particular, contrária ou diversa da vontade geral que tem como cidadão. Seu interesse particular pode ser muito diferente do interesse comum. Sua existência, absoluta e naturalmente independente, pode levá-lo a considerar o que deve à causa comum como uma contribuição gratuita, cuja perda prejudicará menos aos outros, do que será oneroso o cumprimento a si próprio. Considerando a pessoa moral que constitui o Estado como um ente de razão, porquanto não é um homem, ele desfrutará dos direitos do cidadão sem querer desempenhar os deveres de súdito – injustiça cujo progresso determinaria a ruína do corpo político." (Rousseau, 1999b, p. 75)

exclusão destes, nem tampouco se constitui como o resultado de um mero somatório deles, mas emerge através do exercício daquela liberdade que no âmbito da coletividade assume a condição de um processo no qual cada um e todos conjuntamente cabem participar, não se lhes escapando a possibilidade da sua efetivação que, no caso em questão, confere preeminência ao todo social e àquela espécie de "razão geral" que o governa[91].

À Vontade Geral o que se impõe não é senão a condição de "soberano" que, atribuída ao povo através do

---

[91] "Ora, o povo como corpo, 'o soberano', não poderia querer senão o interesse geral, não poderia ter senão uma *vontade geral*. Enquanto cada um dos membros, sendo simultaneamente, em consequência do contrato, homem individual e homem social, pode ter duas espécies de vontade. Como homem individual, é tentado a perseguir, de acordo com o instinto natural, egoísta, o seu interesse particular. Mas o homem social que nele existe, o cidadão, procura e quer o interesse geral: trata-se de uma busca toda moral, feita no 'silêncio das paixões'. A liberdade – a liberdade natural transformada, desnaturada – é, precisamente, a faculdade que possui cada um de fazer predominar, sobre a sua vontade 'particular', a sua vontade 'geral', que apaga 'o amor de si mesmo' em proveito do 'amor do grupo' (B. de Jouvenel). Assim, obedecer ao soberano, ao povo em conjunto, é verdadeiramente ser livre." (Chevallier, 1999, p. 167, grifos do autor)

pacto social, implica o ato pelo qual o povo se faz povo, convergindo para a constituição de um corpo coletivo e moral que emerge como a única fonte legítima do poder e seu único detentor, perfazendo uma construção em cuja estrutura cada membro se torna simultaneamente cidadão e súdito, à medida que se lhe cabe obedecer às leis, advindas dos atos gerais desenvolvidos pelo "soberano", o seu pertencimento a este por meio da sua participação na atividade que as produz assinala que a referida obrigação guarda correspondência com o integrante do corpo político e não com uma esfera de poder que lhe escape e com a qual mantenha uma relação indireta.

Nessa perspectiva, a Vontade Geral consiste no resultado do processo de objetivação dos valores, necessidades e objetivos que emergem da relação envolvendo as estruturas que perfazem a constituição da ordem social, guardando correspondência com um princípio de integração dinâmico-dialético que implica as vontades individuais dos membros do corpo coletivo e moral para o qual converge o pacto que atribui ao povo tal condição e que, longe de aniquilar as partes em função do todo, supõe uma unidade orgânica que encerra o equilíbrio instável das forças antagônicas coexistentes em seu arcabouço.

A Vontade Geral, pois, não se impõe como um produto de ordem técnica, engendrado pela burocracia estatal, a despeito da possibilidade de configurar a "vontade da maioria", tendo em vista que, sobrepondo-se ao sentido em questão, não se caracteriza senão como um processo que implica a participação ininterrupta das consciências individuais no que concerne à construção do Estado e da sua realidade como uma comunidade cuja existência e razão de ser guardam correspondência com valores e práticas, condutas e comportamentos, necessidades e objetivos que, não escapando às concepções teóricas e ideológicas e às suas categorias essenciais, convergem para expressar o interesse comum, que é determinado, portanto, pelas condições objetivas da vida histórico-cultural, econômico-social e política[92].

Irredutível à simples concordância envolvendo as vontades particulares seja de caráter numérico (maioria) ou implicando uma mera coincidência (opinião), a Vontade Geral, escapando à condição "mítica" ou "metafísica" se lhe atribuída pela complexidade que carrega, não se caracteriza senão como uma noção essencial que se impõe à realidade coletiva, segundo a leitura rousseauniana, que a interpreta como a tradução, no que tange às vontades particulares, que abrange o que se lhes existe de comum, emergindo como uma espécie de substrato coletivo das consciências[93],

---

[92] Sobrepondo-se à concepção que envolve um "composto de vontades particulares" ou um compromisso que as abrange, a Vontade Geral consiste na vontade de todo aquele que guarda, pois, a condição de membro do soberano, o que implica a suposição de que "os cidadãos tenham uma vontade comum, o que seria evidentemente impossível se eles estivessem divididos em tudo, se não houvesse também um interesse comum, base psicológica da associação e que, desse ponto de vista, constitui o laço entre os associados." (Derathé, 2009, p. 343)

[93] Alcança relevância a concepção que atribui à Vontade Geral a condição que, no tocante ao indivíduo em seu aspecto jurídico e a sua

constituindo-se, pois, o seu objeto o interesse comum, que consiste, em suma, em algo que pertence a todos e a cada um enquanto membros do corpo coletivo e neste sentido somente, tendo em vista que se sobrepõe à acepção que o circunscreve a uma confluência dos interesses particulares e a preeminência da maioria através da concordância dos seus interesses privados.

Longe de se caracterizar como uma construção que emerge das fronteiras dos interesses particulares, guardando-os, de alguma forma, em sua constitutividade, que não se impõe senão, nesta perspectiva, como resultante de um processo de agregação[94], o interesse comum carrega

essência abstrata e extratemporal, implica uma "encarnação", visto que se mantém em estado de imanência em face da consciência, conforme a perspectiva que, baseada no pensamento de Gurvitch, a leitura de Derathé sublinha à medida que analisa a analogia que entre a Vontade Geral e a consciência se impõe à construção rousseauniana. (Derathé, 2009, p. 347)

[94] A agregação dispensa, pois, a eticidade que rege o vínculo que determina a associação, à medida que contempla estruturas superficiais de contato, baseadas em necessidades e objetivos de caráter imediato, convergindo para as fronteiras de um utilitarismo incapaz de produzir a profundidade que requer uma construção que implica em valores e

uma noção que, segundo a leitura rousseauniana, converge para o significado que implica no que concerne à relação que envolve o geral e o particular, a ideia de intersecção, supondo o pertencimento do interesse comum ao âmbito dos interesses particulares, sob a acepção que assinala a condição de inclusão daquele nestes últimos, à medida que se constitui daquilo que é comum aos diversos interesses, justificando a identificação da Vontade Geral como não menos do que a soma das diferenças, que se contrapõe à vontade de todos (maioria) e ao sentido que carrega e que remete ao horizonte da aglomeração, circunscrevendo-se a uma formação que se limita à reunião de partes homogêneas (ou que, pela sua correspondência, tendem a adquirir tal conformação)[95].

---

práticas, condutas e comportamentos que possibilitem a criação de condições objetivas para a emergência do interesse comum e a manifestação da Vontade Geral.

[95] "Portanto, só quando assume um certo 'caráter' específico é que cada indivíduo passa a incluir um membro do corpo soberano – o qual não é mera *agregação* de indivíduos em suas particularidades. Ao ser membro do corpo soberano, cada indivíduo deve considerar somente o

Se a vontade de todos (maioria) se reduz ao exercício que envolve todos sob uma acepção que se circunscreve a uma simples justaposição de indivíduos atomizados, concernente à constituição da Vontade Geral o que cabe, pois, é a participação dos "singulares como todos" no poder legislativo, segundo a leitura de Marx, a participação de todos no sentido que implica a "soma das diferenças" em um processo que, não deixando de guardar correspondência com os interesses particulares, se desenvolve para além do seu âmbito.[96]

---

interesse comum de que compartilha com outros indivíduos iguais a ele; deve considerar-se, e julgar e decidir, somente como um 'componente do povo'." (Dent, 1996, p. 90, grifos meus)

[96] Marx, 2010.

II PARTE

DA VONTADE GERAL COMO UM PROCESSO QUE ENVOLVE A ELABORAÇÃO E O EXERCÍCIO DAS DECISÕES COLETIVAS

Resultante do processo de desenvolvimento da natureza, a Vontade Geral, contudo, demanda uma determinação positiva que, através da forma da lei, não guarda correspondência senão com uma convenção, implicando, no que tange às vontades particulares, um acordo, que se impõe para o estabelecimento de um sistema de direitos e deveres, uma legislação, convergindo para a questão que envolve o modo pelo qual haverá possibilidade de que os indivíduos alcancem o consenso na regulamentação da sociedade, à medida que se torna necessária a criação de mecanismos e princípios que viabilizem a articulação da vontade coletiva, a transição, pois, do momento negativo para as "existências absolutas" dos indivíduos na sua concreticidade histórica, o momento positivo, demandando a construção de regras universais que se sobreponham ao condicionamento das carências dos homens no momento lógico da sua elaboração.

A lei em seu sentido puro e rigoroso não é um fio que se junta de maneira puramente exterior às vontades individuais impedindo que se separem; ela é, ao contrário, o seu princípio constitutivo; é o que as fundamenta e justifica espiritualmente. Ela pretende dominar os cidadãos à medida que, em cada ato individual, ao mesmo tempo os torna cidadãos e os educa para serem cidadãos.[97]

Longe de configurar um processo que envolva, em suma, a absorção do homem enquanto indivíduo concreto pela coletividade, o que implicaria no aniquilamento das suas vontades e dos seus interesses particulares, o que se impõe à Vontade Geral, no tocante a sua construção, é uma tensão permanente entre o privado e o público que converge para uma totalidade orgânica e unitária que encerra duas condições que se contrapõem uma à outra e

---

[97] Cassirer, 1999, p. 63.

guardam complementariedade, a saber, *ser* e *dever ser*, não pressupondo senão uma relação dialética em sua formação[98]. Irredutível às vontades particulares dos homens e aos seus atos e interesses, a Vontade Geral não se dispõe senão como resultante do ato pelo qual um povo assume tal condição, constituindo um corpo coletivo e moral que converge para as fronteiras que encerram o interesse comum, para a qual tende em função daquela vontade que se caracteriza como real e verdadeira no que concerne às necessidades coletivas, carregando uma substancialidade que emerge da própria "essência" do corpo político[99],

---

[98] Torna-se relevante sublinhar "que não se trata, para ele [Rousseau], de exigir que o indivíduo se sacrifique à coletividade, mas de levá-lo a compreender que, dadas as condições da vida em sociedade e o 'jogo de toda a máquina' política, o interesse de cada cidadão está ligado ao interesse de todos os outros, e que, consagrando-se ao bem público, cada um só age finalmente para seu próprio bem." (Derathé, 2009, p. 349)

[99] "O corpo político não é assim apenas um sistema de relações jurídicas entre os indivíduos: este sistema é apenas a sua ossatura. Mais do que isto, trata-se de uma realidade essencialmente de ordem afetiva." (Fortes, 1976, p. 89)

corporificado pela soberania popular e pelo seu exercício, que implica os atos gerais e a sua expressão, as leis.

Se a Vontade Geral emerge das fronteiras das vontades particulares nem por essa razão destas guarda dependência, não perfazendo necessariamente uma coincidência envolvendo aquelas senão casualmente, embora mantendo correspondência com o acordo básico que se lhe impõe, convergindo, pois, para justificar a relação que implica a autoridade e o governo e a vida em comum (coletiva) através de uma perspectiva que seja capaz de estabelecer a conciliação imprescindível entre a liberdade e a igualdade na realidade concreta dos membros da ordem social e política, ambas permanecendo imunes à formalidade que as invalida, institucionalizando a desigualdade e a injustiça.

A pluralidade envolvendo os interesses particulares o que se impõe não é senão a possibilidade de intersecção, de cuja articulação depende a construção da Vontade Geral, à medida que o que emerge é o caráter intrínseco que implica

a relação que abrange Vontade Geral e interesse comum
(ou bem comum), convergindo para uma manifestação que
demanda a participação de todos os membros do corpo
coletivo e moral, tendo em vista que é a igualdade que
tende a diferenciá-la da vontade da maioria, se lhe
atribuindo a conotação que encerra a ideia de soberania e a
sua indivisibilidade e inalienabilidade[100].

Se a Vontade Geral consiste, em um momento, em
uma espécie de padrão de orientação no que concerne a
uma determinada proposição e a sua relação com o bem
comum, em outro, subsequentemente, assume a condição
de resultado do processo, do qual não emerge senão como

---

[100] "Na realidade, a soberania, tal como concebe Rousseau, não é a
'força pública', ela é somente a vontade que dirige o emprego dessa
força. Segundo o *Contrato Social*, 'a soberania é apenas o exercício da
vontade geral'. Segundo o *Emílio*, 'a essência da soberania consiste na
vontade geral'. Essas fórmulas não deixam subsistir nenhum equívoco
sobre o verdadeiro pensamento do autor. Por sua natureza, a soberania
é única e essencialmente *vontade*. Se a soberania é indivisível e
inalienável, é porque a vontade não se transmite e não se divide."
(Derathé, 2009, p. 426, grifos do autor)

a sua declaração (Vontade Geral)[101], expressão, pois, do interesse comum, guardando as leis, que corporificam os atos gerais, a possibilidade do indivíduo alcançar no estado social uma condição capaz de correlacionar liberdade, "moralidade" e "virtude", escapando à dependência dos homens e consequentemente ao caráter arbitrário das suas vontades e interesses particulares.

À Vontade Geral, sob a acepção que envolve uma emanação do soberano, o que se impõe, pois, é uma tendência que necessariamente implica o interesse comum, convergindo para as fronteiras que encerram o princípio de que não se pode desejar senão *sub specie boni*, que se lhe atribui a condição de infalibilidade, embora o sentido que carrega como a própria decisão coletiva não permita tal

---

[101] O que se impõe à Vontade Geral não é senão a correlação envolvendo os dois sentidos em questão, conforme expõe o estudo de Reis (2010), cuja perspectiva traz como base o seguinte texto: "Quando se propõe uma lei na assembleia do povo, o que se lhes pergunta não é precisamente se aprovam ou rejeitam a proposta, mas se estão ou não de acordo com a vontade geral que é a deles; cada um, dando o seu sufrágio, dá com isso a sua opinião, e do cálculo dos votos se conclui a declaração da vontade geral." (Rousseau, 1999b, p. 205).

caracterização, à medida que neste último caso depende de um juízo cuja retidão guarda correspondência com a possibilidade do conhecimento da Vontade Geral como padrão ou regra.

Guardando precedência em relação à decisão, a deliberação consiste no momento de formação da vontade, que converge para um horizonte que encerra várias perspectivas no âmbito das quais as preferências pessoais se movimentam, noção à qual a leitura rousseauniana se sobrepõe, à medida que se detém apenas na última etapa do processo, subestimando-o enquanto possibilidade de revelação da Vontade Geral, tendo em vista a concepção que caracteriza a sua emergência como natural, subjacente às consciências dos membros do soberano[102].

---

[102] Alcança relevância, nessa perspectiva, a observação que emerge do estudo de Vita (1991, p. 220) e que, baseado na leitura de Bernard Manin, sublinha a "concepção limitada de *deliberação*" que se impõe à construção de Rousseau no que tange às suas restrições à discussão pública, afirmando que se "em seu sentido mais forte, *deliberação* diz respeito ao momento que precede a decisão e durante o qual o indivíduo se interroga sobre as diferentes alternativas e sobre suas

Nesta perspectiva, a Vontade Geral emerge como um processo que implica a pressuposição da existência do interesse comum na constituição identitária do cidadão, a cuja condição, se lhe atribuída pela situação de membro do corpo coletivo e moral para o qual o pacto social converge, o que se impõe é a sua possibilidade de emergência, à medida que envolve a superação da sua vontade particular em uma relação que, tendo como fundamento o indivíduo e o povo enquanto tal simultaneamente, não guarda correspondência senão com o movimento dialético.

A primeira e mais importante consequência decorrente dos princípios até aqui estabelecidos é que só a *vontade geral* pode dirigir as forças do Estado de acordo com a finalidade de sua instituição, que é o *bem comum*, porque, se a oposição dos interesses particulares tornou necessário o estabelecimento das sociedades, foi o acordo desses mesmos interesses que o possibilitou. O que existe de *comum* nesses vários interesses forma o liame social e, se não houvesse um ponto em que todos os interesses concordassem, nenhuma sociedade poderia existir.

---

próprias preferências", o que implica, pois, no "momento da formação da vontade", o conceito rousseauniano não se circunscreve senão às fronteiras da *decisão*, às quais se mantém reduzida a sua concepção, se lhe escapando consequentemente "o processo de formação da vontade – individual ou coletiva."

Ora, somente com base nesse *interesse comum* é que a sociedade deve ser governada.[103]

Nesta perspectiva, pois, o que se impõe é a relação envolvendo o interesse comum e a formação econômico-social, à medida que se a oposição dos interesses particulares converge para a necessidade quanto à instituição da ordem social aquele não emerge senão através da sua intersecção, que possibilita a união social e confere ao corpo coletivo e moral ora constituído uma tendência no que concerne ao seu governo que guarda raízes nas forças determinantes do sistema, o que implica em uma diferenciação entre a referida noção e o conceito que abrange a causa pública, que pode contê-la, mas que se lhe sobrepõe, não se lhe caracterizando, pois, como sinônimo.

Da necessidade da construção de um grau de igualdade substantiva como condição capaz de assegurar a

---

[103] Rousseau, 1999b, p. 85, grifos meus.

participação política autônoma de todos os cidadão[104], eis o pressuposto da instauração da Vontade Geral, consistindo a ocupação exclusiva relacionada aos negócios e interesses públicos o princípio racional de moralidade política que se lhe constitui como tal, perfazendo, no que tange à infinidade de vontades particulares, o que há de comum entre estas, perpassando, em suma, todas, em um movimento que implica transcendência, tendo em vista que delas emerge no sentido de realizar o bem comum.

Nesta perspectiva, pois, o que cabe à Vontade Geral é a possibilidade de superação da ruptura entre o Estado e a

---

[104] Consistindo na apropriação do patrimônio socialmente construído, tanto quanto na atualização das potencialidades de realização humana disponibilizadas em cada contexto historicamente determinado, a referida perspectiva remete ao conceito de cidadania, que guarda raízes nas fronteiras que encerram a ideia de soberania popular, implicando a emergência efetiva das condições sociais e institucionais capazes de possibilitar ao conjunto dos cidadãos a participação ativa na formação do governo e, consequentemente, no controle da vida social, convergindo o seu caráter "pleno" para um processo que envolve o exercício dos direitos nas esferas civil, política e social, segundo o contributo do sociólogo britânico T. H. Marshall.

sociedade civil [105], que representam, respectivamente, o Estado político e o Estado não político, à medida que impede que a Constituição, que tende a corporificá-la através das leis para as quais converge a sua manifestação nas assembleias, se interponha entre o povo (o "todo", o poder constituinte) e a sua própria "essência", suposta em sua existência que, como tal, assegura a preeminência do interesse comum em face dos interesses particulares que se lhe opõem, o que implica na sobreposição da alienação política, que não envolve senão a inversão das posições abrangendo o povo ("Estado real") e a Constituição (Estado político), tendo em vista que aquele, destituído do seu conteúdo genérico, perde seu estatuto fundante, tornando-se refém deste último, sua própria criação. [106]

---

[105] "Até agora, a humanidade foi bem mais possuída pelo Estado do que lhe deu forma livremente e manifestou nele a ordem adequada a si mesma. A necessidade impeliu-a ao Estado mantendo-a presa a ele - bem antes que ela pudesse entender interiormente e compreender a necessidade dele." (CASSIRER, 1999, p. 63)

[106] Marx, 2010.

ASPECTOS CONCLUSIVOS[107]

Se o antagonismo que envolve a relação que a leitura rousseauniana estabelece entre a independência humana no estado de natureza e a dependência humana no âmbito

---

[107] A referida conclusão é constituída por trechos que integram o conteúdo publicado em forma de artigo pela **Revista Portuguesa de Ciência Política (Portuguese Journal of Political Science)**, ISSN 1647-4090, n. 3. pp. 11-24, 2013 (**I Parte - Do Humanismo**), Lisboa, Portugal, sob o título O *direito de ser Homem: da alienação da desigualdade social à autonomia da sociedade igualitária na teoria política de Jean-Jacques Rousseau segundo a perspectiva do materialismo histórico e dialético*, e pela **PRACS: Revista Eletrônica de Humanidades do Curso de Ciências Sociais da UNIFAP**, ISSN 1984-4352, v. 7, n. 2, pp. 109-133, jul./dez. 2014 (**Temas e Debates das Humanidades Contemporâneas**), Macapá - AP, Brasil, sob o título *Do direito de ser homem: da alienação da desigualdade social à autonomia da sociedade igualitária na teoria política de Jean-Jacques Rousseau*, assim como, sob o título *Da vontade geral como condição para o exercício da soberania popular em Jean-Jacques Rousseau*, pela **RCH - Revista de Ciências Humanas da UNITAU**, ISSN 2179-1120, v. 7, n. 2, , pp. 205-232, jul./dez. 2014 (**Multiplicidade, Contextos e Interdisciplinaridade**), Taubaté - SP, Brasil, pela **Revista Latitude da UNIFAL**, ISSN 2179-5428, v. 9, n. 1, pp. 99-130, 2015, Maceió - AL, Brasil, e pela **Revista Problemata: Revista Internacional de Filosofia (International Journal of Philosophy)**, ISSN-e 2236-8612, v. 6, n. 2, pp. 151-177, 2015, João Pessoa - PB, Brasil, e sob o título *A vontade geral como condição para o exercício da soberania popular em Jean-Jacques Rousseau*, pela **Revista Sociais e Humanas - UFSM**, ISSN online 2317-1758, v. 28, n. 2, p. 9-23, mai./ago. 2015, Santa Maria - RS, Brasil.

da "sociedade civil" não converge senão para as fronteiras que encerram a problemática marxiana da alienação, o que se constitui objeto da sua crítica, menos do que a interdependência que no tocante à satisfação das necessidades se impõe como âmago da sociabilidade, é o modo que caracteriza a condição de perda da autonomia e da liberdade dos indivíduos, a saber, a partir da propriedade privada e da divisão do trabalho.

Contrapondo-se à acumulação de bens de produção que o instituto da propriedade implica, tanto quanto à desigualdade socioeconômica para a qual converge, a leitura rousseauniana destitui o referido direito da naturalidade se lhe atribuída pela perspectiva lockeana, caracterizando-o como artificial, resultado de uma intervenção humana que não traz como fundamento senão uma convenção que o instaura e legitima a distinção envolvendo ricos e pobres, consolidando a divisão da sociedade em classes.

Se o instituto da propriedade guarda correspondência com a transformação de uma usurpação em direito irrevogável, a divisão do trabalho para o qual converge implica uma sociedade de classes, cuja organização, estruturalmente, não pode escapar à dinâmica de uma relação de dominação do homem sobre o homem, sobrepondo-se a sua condição *sine qua non* e comprometendo a sua participação no processo de construção da Vontade Geral, que demanda não menos do que uma igualdade de caráter "real", que, baseada na vida concreta dos homens, não se impõe senão, por esse motivo, através da produção da sua existência que, se no sistema em questão tende à alienação, requer, sob a perspectiva da emancipação econômica do trabalho, o controle social da propriedade, a sua distribuição igualitária, única forma capaz de possibilitar a autonomia.

Nesta perspectiva, se o pacto social tende a encerrar a finalidade de preservar as condições necessárias que se impõem ao mundo dos indivíduos privados, cujas inter-relações são asseguradas através de uma esfera pública independente que em virtude da sua "especialização" se lhe sobrepõe, de acordo com a leitura de Hobbes e de Locke, esta, segundo a noção rousseauniana, não converge senão para a reorganização da forma de articulação entre o público e o privado, atribuindo à sociabilidade a condição de imanência no que tange ao próprio indivíduo, do qual, escapando ao caráter de um fenômeno externo, a Vontade Geral e o interesse comum consistem em uma emanação.

Carregando *Do Contrato Social* a pretensão de estabelecer um paradigma que possibilite não o resgate da independência peculiar ao estágio pré-social, que encerra o homem na esfera da potência, mas a sua conquista no cerne da interação social, que implica na transição humana daquela para a esfera do ato, se a legitimidade da vida social, ou melhor, da formação econômico-social, implica a correlação envolvendo liberdade e igualdade, a legitimidade da ordem política, que dela emerge, demanda que o homem simultaneamente se torne súdito e cidadão, encerrando um poder que, no âmbito da associação em questão, seja soberano, conforme assinala o seu exercício através da Vontade Geral e a sua manifestação por meio do interesse comum.

Não encerrando a união social como objeto a liberdade de um ou de vários indivíduos senão a liberdade de todos, cabe ao pacto que instaura a organização social estabelecer princípios que impeçam que um homem seja mais ou menos livre do que outro, assegurando a única coisa que possibilita a sua conservação, a saber, a igualdade, conforme a pretensão que Rousseau esboça através de *Do Contrato Social*, que atribuindo uma função social à propriedade privada, defende a necessidade quanto à construção de uma base material para a liberdade, contrapondo-se à divisão entre ricos e pobres e à negociação de trabalho assalariado.

Convergindo para uma relação que assinala a constituição de uma estrutura sociopolítica que traz a Vontade Geral como veículo de expressão do interesse comum e o povo como detentor da soberania através de um sistema que exclui a representação política e demanda um exercício direto do poder pelo homem, a sua condição implica simultaneamente o papel de sujeito e de cidadão, tendo em vista que a obediência que se lhe impõe não se circunscreve senão a si, como não poderia deixar de ser, à medida que o que importa é que, embora participando de um corpo coletivo, guarde o pressuposto da sua existência, não o perdendo, enfim, em face da referida integração que o torna, não meramente, parte de um todo que se lhe sobrepõe mas não o anula, devendo servir para a sua autorrealização como ser social.

Se o *Discurso* e *Do Contrato Social* perfazem, na formação da organização sociopolítica, dois tipos de pacto, cuja diferença consiste na questão que envolve a legitimidade e a ilegitimidade, que encerra o primeiro nesta condição à medida que não se constitui senão através da desigualdade, assumindo o segundo aquele caráter, o que se impõe, além das duas distintas formas de ordem política, é a pressuposição de duas diferentes disposições econômico-sociais, que implicam em uma relação que envolve ou não uma estrutura democrática, ou guardam correspondência com o despotismo ou com a democracia[108].

A possibilidade de superação da alienação na esfera política, eis o que se impõe à democracia, à medida que se caracteriza como a construção coletiva do espaço público, implicando a plena participação consciente de todos na gestação e no controle do âmbito político, conforme a leitura rousseauniana que envolve a "soberania popular", constituindo-se a reabsorção dos bens sociais através dos cidadãos um pressuposto democrático que não converge senão para o conceito de cidadania, que se constitui uma capacidade adquirida, seja por alguns indivíduos, seja por todos os indivíduos (no caso de uma democracia efetiva), que implica na apropriação do patrimônio socialmente construído, tanto quanto na atualização das potencialidades

---

[108] Tendo em vista a perspectiva que se detém na comparação entre a leitura hobbesiana e a construção lockeana, ambas as quais, representando duas formas de regime político que se contrapõem, Estado Absolutista e Governo Liberal, trazem uma ordem mercantil e individualista, a mesma, como fundamento da sua formação social.

de realização humana disponibilizadas em cada contexto historicamente determinado.

Implicando a democracia na construção da Vontade Geral, que não demanda senão um consenso envolvendo conteúdos e procedimentos, à gênese do processo em questão, que escapa às condições sociais que não têm como base a igualdade material, o que se impõe é a possibilidade do indivíduo alcançar o nível do interesse comum, ao qual ascende através da faculdade que sob o governo da razão e a influência da piedade a leitura rousseauniana atribui a capacidade de engendrar humanidade e virtude (o *amour de soi*), convergindo para a conclusão de que a relevância atribuída ao aspecto ético no tocante ao processo de elevação ao interesse comum, que não se circunscreve ao campo das relações (sociais) de produção e a conscientização de interesses objetivamente reais que neste âmbito emerge, guarda correspondência com a concepção de que, longe de propor a superação do privado no público, mantendo o homem em condição de subordinação, o que cabe, em face da oscilação entre a alienação e a autonomia, é a afirmação desta, ou seja, a tendência à desalienação que implica a sobreposição do *amour de soi* em face do *amour propre.* Nessa perspectiva, não encerrando senão o direito de ser homem, cuja condição *sine qua non*, a saber, a liberdade, demanda, através da sua existência social, o desafio da construção da autonomia, o que implica na inter-relação envolvendo liberdade e igualdade, se a teoria política rousseauniana detém uma sólida unidade sistemática que se impõe às questões primordiais da sua época, que emergem do âmbito de uma sociedade caracterizada pela desigualdade e pela injustiça, a elaboração de uma visão da democracia não pode prescindir de uma relação com o seu legado que possibilite um diálogo com conceitos como interesse comum e Vontade Geral, a despeito do caráter problemático ou equivocado que carrega a sua construção, que não deixa de convergir, enfim, para a superação dialética do liberalismo.

Se a doutrina do direito natural detém a possibilidade de se sobrepor ao arcabouço dos direitos tradicionais da nobreza (classe dominante), a defesa da representatividade, que traz como fundamento o consenso, se contrapõe ao exercício do poder como privilégio de classe, assumindo o Estado, sob a perspectiva contratualista, da qual emerge uma feição que não guarda correspondência senão com o horizonte das relações sociais burguesas, à medida que se caracteriza como mercantil, comercial, em suma, cumprindo a função de assegurar os interesses dos indivíduos, a sua conservação e a sua propriedade, tendo em vista a concepção individualista que o perfaz, instaurando um Estado cuja existência se mantém, dessa forma, reduzida à questão que implica a qualidade possessiva ora atribuída ao homem, que tem o instinto de posse e o desejo de acumulação como fundamentos.

Sobrepondo-se ao caráter individualista se lhe atribuído pela perspectiva que encerra o Estado como resultado de um contrato envolvendo as vontades particulares, o que se impõe à leitura rousseauniana é a Vontade Geral, para a qual converge o ato de associação em questão, base da unidade do corpo coletivo que, emergindo através de um "eu" comum, não tende senão às fronteiras do interesse comum, que escapa ao arcabouço da vontade de todos e expressa a transcendência da vontade coletiva em relação às vontades individuais que, sob a acepção de um mero somatório, detêm a vontade da maioria e o seu interesse privado[109].

A questão que envolve o bem comum e a racionalidade coletiva, que se impõe à teoria política rousseauniana, longe de escapar ao âmbito do pensamento democrático contemporâneo o caracteriza, mantendo-se nele em vigor, diferentemente do liberalismo, por exemplo, que se sobrepõe à referida problemática convergindo para a diversidade de valores e a pluralidade de interesses da sociedade civil, que não encerra senão em seu âmago uma

---

[109] Nesta perspectiva, pois, convém sublinhar que "a vontade geral não é geral apenas por ser de todos, mas por ser a mesma vontade." (Fortes, 1976, p. 88)

liberdade puramente "negativa", guardando o sistema político, sob a acepção de "mercado político", em suma, a condição que demanda a agregação e o processamento das preferências dos cidadãos[110] que, uma vez constituídas na esfera social (no exterior daquele, no caso, à sua margem, enfim), permanecem dispostas, no que tange à boa vida e à sociedade ideal, ao bem-estar, afinal, com a devida neutralidade[111].

Se o *consensus* consiste em uma realidade para a qual tende a construção da Vontade Geral, não como a sua

---

[110] Contrapondo-se à Montesquieu, convém salientar, nessa perspectiva, a observação rousseauniana, exemplificada pelo povo inglês, acerca do referido procedimento, incapaz de expressar a vontade popular: "O povo inglês pensa ser livre e muito se engana, pois só o é durante a eleição dos membros do parlamento; uma vez estes eleitos, ele é escravo, não é nada. Durante os breves momentos de sua liberdade, o uso, que dela faz, mostra que merece perdê-la." (Rousseau, 1999b, p. 187)

[111] Alcança relevância, sob tal leitura, as "regras do jogo", os procedimentos formais, em detrimento da questão dos conteúdos e valores, relegados ao arbítrio individual, que se constitui, pois, a essência da "liberdade negativa", convergindo para uma organização social que se circunscreve ao âmbito de um agregado de interesses individuais e vontades particulares, cuja soma não transpõe senão as fronteiras da vontade de todos.

condição originária, porém sob a acepção de um fenômeno que se impõe mais *a posteriori* do que *a priori*, não perfaz senão um tipo de "solidariedade" que se sobrepõe à conformidade das consciências a um conteúdo comum que alcança, pois, em um determinado contexto histórico-cultural, as fronteiras da universalidade, convergindo para uma complementariedade que emerge da necessidade de expressão da ordem social, tanto quanto antes da conservação dos indivíduos enquanto tais no âmbito da coletividade e da relação que esta se lhes requer manter[112].

Sobrepondo-se à igualdade formal dos cidadãos, que guarda raízes nas fronteiras da naturalização dos indivíduos imposta pela perspectiva liberal, o que implica uma concepção que se lhes atribui um caráter abstrato,

---

[112] "Não é pelo simples estatuto jurídico que se regulam as relações entre os seus membros, que uma república se distingue de simples agregado. O que distingue estas duas formas de ordenação social é a natureza do laço pelo qual se prendem uns aos outros os seus membros. Numa pátria, os associados possuem todos uma só vontade e um só interesse, ao passo que na outra forma de associação a união que se verifica não vai além da simples justaposição dos egoísmos individuais." (Fortes, 1976, p. 90)

tornando-os passíveis de fusão, à medida que os relega à condição de uma categoria universal, a Vontade Geral que emerge da leitura rousseauniana envolve um processo de construção que demanda a participação efetiva dos membros da associação que o contrato social funda, assinalando uma relação que encerra a horizontalidade que abrange cidadão/cidadão e sobrepuja a obrigação que traz como base a verticalidade que a forma cidadão/Estado dispõe.

Longe de se caracterizar como uma abstração destituída de qualquer valor prático, o que se impõe à Vontade Geral e ao seu exercício não é senão a possibilidade de fixação dos fins políticos que se lhe mantêm inerentes através de uma correlação que implica as lutas da opinião pública, as eleições, as discussões parlamentares, os plebiscitos, entre outros eventos que convergem para a constituição de um sistema dinâmico-dialético que perfaz a unidade da ordem sociopolítica e expressa o interesse comum, sobrepondo-se à estaticidade que exclui a participação ativa do povo na construção da referida experiência[113].

Se carregam um caráter circunscrito às fronteiras da negatividade, segundo o viés de inspiração liberal ou liberal-democrática que determina o pensamento político contemporâneo, aos ideais participativos da perspectiva rousseauniana da democracia o que se impõe, de acordo com os teóricos empíricos da democracia, não é senão a impossibilidade de sua aplicação no âmbito dos sistemas existentes, convergindo as teorias normativas, que defendem um princípio de moralidade política e se contrapõem à concepção que circunscreve o sistema democrático à esfera que o define como um método de

---

[113] "Não basta que o povo reunido tenha uma vez fixado a constituição do Estado sancionando um corpo de leis; não basta, ainda, que tenha estabelecido um Governo perpétuo ou que, de uma vez por todas, tenha promovido a eleição dos magistrados; além das assembleias extraordinárias que os casos imprevistos podem exigir, *é preciso que haja outras, fixas e periódicas, que nada possa abolir ou adiar, de tal modo que, no dia previsto, o povo se encontre legitimamente convocado pela lei, sem que para tanto haja necessidade de nenhuma outra convocação formal.*" (Rousseau, 1999b, p. 181, grifos meus)

145

escolha de governantes, para uma leitura que, mantendo o pensamento de Rousseau como horizonte paradigmático, traz como base a interpretação de que "fato não cria direito", escapando à tendência de sobrepor as "democracias reais" às prescrições dos arcabouços teóricos que não se detêm, no que concerne às estruturas políticas, no problema que implica *como são* senão na questão que envolve *como poderiam ser*, tendo em vista, em suma, a noção acerca da incapacidade de um argumento empírico alcançar primazia em relação a um argumento prescritivo, se lhe refutando.[114]

Nessa perspectiva, pois, a Vontade Geral emerge como solução para a questão que envolve a ruptura entre Estado político e Estado não político, cuja condição, destituindo o povo de sua essência genérica, converge para reduzi-lo no âmbito político-estamental, à medida que o circunscreve de um *dêmos* inteiro às fronteiras que encerram

_____

[114] Vita, 1991.

146

a sociedade civil, forma pela qual integra o Estado, acarretando um conflito que, atrelado ao conceito de Constituição[115], reproduz-se através da relação que abrange o poder legislativo ("povo *en miniature*") e o poder governamental, tendo em vista que aquele é privado de sua universalidade, tornando-se "parte" do todo, o que implica na transformação da Vontade Geral em um poder particular do Estado, passível de confronto pelo poder executivo que, nesta perspectiva, se lhe sobrepõe.[116]

Se a Constituição guarda a significação que corresponde ao universal, que se impõe a todo o particular no âmbito de qualquer Estado cujo *modus essendi* escapa ao paradigma democrático, de acordo com este ela não se

---

[115] "Por certo, Rousseau não nega que o Estado possa dar-se uma constituição, mas, para ele, essa constituição só existe pela *vontade do soberano*, o qual pode mudá-la quando lhe apraz. As leis do Estado, inclusive as leis fundamentais, são apenas a expressão da *vontade geral*. Basta, portanto, que essa *vontade* mude para que as leis estabelecidas sejam revogadas e substituídas por outras: a autoridade que as dita pode também aboli-las." (Derathé, 2009, p. 483, grifos meus)

[116] Marx, 2010.

caracteriza senão como uma autodeterminação do povo, convergindo para uma condição na qual a Vontade Geral não aliena o seu poder, perfazendo, por essa razão, a "verdadeira democracia" um princípio político, consistindo na superação da oposição entre Estado político e sociedade civil (Estado não político).

REFERÊNCIAS BIBLIOGRÁFICAS

BOBBIO, Norberto; MATTEUCCI, Nicola; PASQUINO, Gianfranco. **Dicionário de Política.** Vol. 1. Tradução de Carmen C. Varriale *et al.* 11. ed. Brasília: UnB, 1998;

BOTTOMORE, Tom; OUTHWAITE, William (Org.). **Dicionário do pensamento social do Século XX.** Tradução de Álvaro Cabral e Eduardo Francisco Alves. Rio de Janeiro: Zahar, 1996;

CARDOSO, Sergio. Do Desejo à Vontade: a constituição da sociedade política em Rousseau. **Discurso,** São Paulo, v. 5, n. 6, pp. 35-60, 1975;

CASSIRER, Ernst. **A questão Jean-Jacques Rousseau.** Tradução de Erlon José Paschoal e Jézio Gutierre. São Paulo: UNESP, 1999;

CHEVALLIER, Jean-Jacques. **As grandes obras políticas: de Maquiavel a nossos dias.** Prefácio de André Siegfried e tradução de Lydia Cristina. 8. ed. Rio de Janeiro: Agir, 1999;

DENT, N. J. H. **Dicionário Rousseau.** Tradução de Álvaro Cabral. Rio de Janeiro: Zahar, 1996;

DERATHÉ, Robert. **Jean-Jacques Rousseau e a ciência política de seu tempo.** Tradução de Natalia Maruyama. São Paulo: Editora Barcarolla; Discurso Editorial, 2009;

COUTINHO, Nelson. Crítica e utopia em Rousseau. **Lua Nova: Revista de Cultura e Política,** n. 38, São Paulo, pp. 5-30, dez. 1996;

FORTES, Luís Roberto Salinas. **Rousseau: da teoria à prática.** São Paulo: Ática, 1976;

GUILLERM, Alain; BOURDET, Yvon. **Autogestão:** Uma mudança radical. Tradução de Hélio Pólvora. Rio de Janeiro: Zahar, 1976;

HEGEL, Georg Wilhelm Friedrich. **Enciclopédia das ciências filosóficas em compêndio (1830).** Tradução de Paulo Meneses. São Paulo: Loyola, 1995;

HOBBES, Thomas. **Leviatã:** Ou matéria, forma e poder de uma república eclesiástica e civil. Tradução de João Paulo

Monteiro e Maria Beatriz Nizza da Silva. São Paulo: Martins Fontes, 2003.

LOCKE, John. **Segundo tratado sobre o governo civil**: ensaio sobre a origem, os limites e os fins verdadeiros do governo civil. Tradução de Magda Lopes e Marisa Lobo da Costa. 3. ed. Petrópolis/RJ: Vozes, 2001;

LUKÁCS, György. **Ontologia do ser social**: a falsa e a verdadeira ontologia de Hegel. Tradução de Carlos Nelson Coutinho. São Paulo: Livraria Editora Ciências Humanas, 1979;

MACPHERSON, Crawford Brough. **A teoria política do individualismo possessivo**: de Hobbes a Locke. Tradução de Nelson Dantas. Rio de Janeiro: Paz e Terra, 1979;

MARX, Karl. **Crítica da filosofia do direito de Hegel.** Tradução de Rubens Enderle e Leonardo de Deus. 2. ed. São Paulo: Boitempo, 2010;

MARX, Karl. **Sobre a questão judaica.** Tradução de Daniel Bensaïd e Wanda Caldeira Brant. 1. ed. São Paulo: Boitempo, 2010;

MARX, Karl; ENGELS, Friedrich. **A ideologia alemã.** Tradução de Luis Claudio de Castro e Costa. 2. ed. São Paulo: Martins Fontes, 2002;

MERQUIOR, José Guilherme. **Arte e sociedade em Marcuse, Adorno e Benjamin:** ensaio crítico sobre a escola neohegeliana de Frankfurt. Rio de Janeiro: Tempo Brasileiro, 1969;

MÉSZÁROS, István. **Marx:** a teoria da alienação. Tradução de Waltensir Dutra. Rio de Janeiro: Zahar, 1981;

MONTESQUIEU, Charles de Secondat (Baron de). **O espírito das leis.** Tradução de Cristina Murachco. São Paulo: Martins Fontes, 1996;

REIS, Cláudio Araújo. Vontade geral e decisão coletiva em Rousseau. **Trans/Form/Ação,** Marília, v. 33, pp. 11-34, 2010;

ROUSSEAU, Jean-Jacques. **Discurso sobre a origem e os fundamentos da desigualdade entre os homens.** Tradução de Lourdes Santos Machado. Vol. II. São Paulo: Nova Cultural, 1999a;

ROUSSEAU, Jean-Jacques. **Do contrato social.** Tradução de Lourdes Santos Machado. Vol. I. São Paulo: Nova Cultural, 1999b;

STAROBINSKI, Jean. **A transparência e o obstáculo.** Tradução de Maria Lúcia Machado. São Paulo: Companhia das Letras, 1991.

BIBLIOGRAFIA DO AUTOR
[Ordem cronológica]

Livros

MARIANO DA ROSA, L. C. A transformação do sujeito em si mesmo e a fé em Kierkegaard: Abraão, "Pai da Fé" e "Amigo de Deus", como protótipo de um novo ser e de um novo modo de existência. 1. ed. Beau Bassin, Mauritius: Novas Edições Acadêmicas (OmniScriptum Publishing Group), 2018, v. 1, 105 p.

MARIANO DA ROSA, L. C. Da propriedade como fundamento ético-jurídico e econômico-político em Locke à vontade geral e o sistema autogestionário em Rousseau. 1. ed. São Paulo: Politikón Zôon Publicações, 2018, v. 1. 214 p.

MARIANO DA ROSA, L. C. Os Direitos da Razão e a sua Autoprodução entre o Sistema de Conhecimento de Descartes, o Projeto Crítico de Kant e o Idealismo Absoluto de Hegel. 1. ed. São Paulo: Politikón Zôon Publicações, 2018, v. 1. 198 p.

MARIANO DA ROSA, L. C. **Hobbes, Locke e Rousseau: Do direito natural burguês e a instituição da soberania estatal à vontade geral e o exercício da soberania popular.** 1. ed. São Paulo: Politikón Zôon Publicações, 2017, v. 1. 188 p.

MARIANO DA ROSA, L. C. **O direito de ser homem: liberdade e igualdade em Rousseau.** 1. ed. Saarbrücken, Alemanha: Novas Edições Acadêmicas (), 2017. v. 1. 96 p.

MARIANO DA ROSA, L. C. **Determinismo e liberdade: a condição humana *entre os muros da escola*.** 1. ed. São Paulo: Politikón Zôon Publicações, 2016. v. 1. 390 p.

MARIANO DA ROSA, L. C. **O direito de ser homem: da alienação da desigualdade social à autonomia da sociedade igualitária na teoria política de Jean-Jacques Rousseau.** 1. ed. São Paulo: Politikón Zôon Publicações, 2015. v. 1. 150 p.

MARIANO DA ROSA, L. C. **Mito e filosofia: do *homo poeticus*.** 1. ed. São Paulo: Politikón Zôon Publicações, 2014. v. 1. 219 p.

MARIANO DA ROSA, L. C. **Quase sagrado.** 1. ed. São Paulo: Politikón Zôon Publicações, 2014. v. 1. 123 p.

MARIANO DA ROSA, L. C. **O todo essencial.** 1. ed. Lisboa: Universitária Editora, 2005. v. 1. 167 p.

Artigos

MARIANO DA ROSA, L. C. Kierkegaard e a transformação do sujeito em si mesmo entre a vertigem da liberdade e o paradoxo absoluto da fé. **Revista Filosofia Capital - RFC [Brasília, DF]**, v. 13, n. 20, p. 30-46, dez. 2018.

MARIANO DA ROSA, L. C. Kierkegaard e a transformação do sujeito em si mesmo entre a vertigem da liberdade e o paradoxo absoluto da fé. **Saberes: Revista Interdisciplinar de Filosofia e Educação - UFRN [Natal, RN]**, v. 19, n. 2, p. 26-47, ago. 2018.

MARIANO DA ROSA, L. C. Kierkegaard e a transformação do sujeito em si mesmo entre a vertigem da liberdade e o paradoxo absoluto da fé. **Correlatio – UMESP [São Paulo, SP]**, v. 17, n. 1, p. 5-31, ago. 2018.

MARIANO DA ROSA, L. C. Kierkegaard e a transformação do sujeito em si mesmo entre a vertigem da liberdade e o paradoxo absoluto da fé. **Cadernos Zygmunt Bauman - UFMA [São Luís, MA]**, v. 8, n. 17, ago. 2018.

MARIANO DA ROSA, L. C. A oração entre as práticas mágico-religiosas do politeísmo e o *relacionamento pactual* do monoteísmo: da superação do *determinismo da história* em Mircea Eliade à *presença do mistério do ser* em Paul Tillich. **Revista Teológica Doxia – FABRA [PUC-RJ]**, v. 3, n. 3, p. 46-75, jun. 2018.

MARIANO DA ROSA, L. C. Abraão como protótipo de uma nova existência em Mircea Eliade e a fé como movimento envolvendo o finito e o infinito em Kierkegaard. **Revista Diversidade Religiosa – UFPB [João Pessoa, PB]**, v. 8, n. 1, p. 140-166, jun. 2018.

MARIANO DA ROSA, L. C. Abraão, "Pai da Fé" e "Amigo de Deus", como protótipo de um *novo modo de existência* em

Mircea Eliade e a fé como *relação absoluta com o absoluto* em Kierkegaard. **Revista Litterarius – Faculdade Palotina [Santa Maria, RS]**, v. 17, n. 1, p. 1-25, jun. 2018.

MARIANO DA ROSA, L. C. O sistema escolar entre o espaço social e o *habitus* segundo o estruturalismo construtivista de Bourdieu. **Revista Interfaces da Educação - UEMS [Paranaíba-MS]**, v. 9, n. 25, p. 273-303, jun. 2018.

DA ROSA, L. C. M. Kierkegaard e a transformação do sujeito em si mesmo entre a vertigem da liberdade e o paradoxo absoluto da fé. **Revista Eletrônica Espaço Teológico / REVELETEO [PUC-SP]** v. 12, n. 21, p. 68-86, jan./jun. 2018.

MARIANO DA ROSA, L. C. A vontade geral e o sistema autogestionário: necessidade, possibilidade e desafios. **Revista Ensaios – UFF [Niterói, RJ]**, v. 11, n. 2, p. 114-139, jul./dez. 2017.

ROSA, L. C. M. O sistema escolar entre o espaço social e o *habitus* segundo o estruturalismo construtivista de Bourdieu.

Revista Eletrônica de Educação da Faculdade Araguaia -
RENEFARA [Goiânia, GO], v. 11, n. 1, jun. 2017.

ROSA, L. C. M. A vontade geral e o sistema
autogestionário: necessidade, possibilidade e desafios.
REVISTA ORG & DEMO [Marília, SP], v. 18, n. 1, p. 37-
60, jan. 2017.

ROSA, L. C. M. da. A vontade geral e o sistema
autogestionário: necessidade, possibilidade e desafios.
Revista Opinião Filosófica [Porto Alegre, RS], v. 8, n. 1, p.
476-509, jan. 2017.

MARIANO DA ROSA, L. C. A vontade geral e o sistema
autogestionário: necessidade, possibilidade e desafios.
Polymatheia - Revista de Filosofia [Fortaleza, CE], v. 10, n.
16, jan. 2017.

ROSA, L. C. M. da. O sistema escolar entre o espaço social
e o *habitus* segundo o estruturalismo construtivista de
Bourdieu. **Revista Eletrônica Pesquiseduca - Universidade
Católica de Santos [Santos - SP], v. 9, n. 17, p. 91-115, jan.
2017.**

MARIANO DA ROSA, L. C. O sistema escolar entre o espaço social e o *habitus* segundo o estruturalismo construtivista de Bourdieu. **Revista Filosofia Capital – RFC [Brasília, DF]**, v. 12, n. 19, p. 51-68, jan. 2017.

ROSA, L. C. M. O processo formativo-educacional entre a integração durkheimiana e a alienação marxiana. **Cadernos Zygmunt Bauman / UFMA [São Luís, MA]**, v. 6, n. 12, p. 51-85, 2016 [O *legado de Bauman*].

MARIANO DA ROSA, L. C. A vontade geral como processo ético-jurídico de deliberação coletiva e movimento econômico-político de institucionalização do poder. **Revista Direito em Debate – Revista do Departamento de Ciências Jurídicas e Sociais da UNIJUI [Ijuí, RS]**, Ano XXV, n. 46, p. 94-120, jul./dez. 2016.

MARIANO DA ROSA, L. C. A soberania entre a renúncia dos direitos ilimitados do contrato hobbesiano e a "*alienação* verdadeira" do pacto rousseauniano. **Revista Filosofia Capital – RFC [Brasília, DF]**, v. 11, n. 18, p. 43-61, jan./dez. 2016 [*Discussões filosóficas acerca dos fenômenos da existência humana*].

MARIANO DA ROSA, L. C. O sistema educacional e a racionalização burocrática entre a tipologia das ações humanas e a teoria da dominação de Weber. **Saberes, Revista Interdisciplinar de Filosofia e Educação / UFRN [Natal, RN]**, v. 1, n. 14, p. 81-107, out. 2016.

MARIANO DA ROSA, L. C. A propriedade como fundamento ético-jurídico e econômico-político em Locke. **Revista Húmus / UFMA [São Luís, MA]**, v. 6, n. 17, p. 80-102, ago. 2016 [*Política, amizade e liberdade na modernidade*].

MARIANO DA ROSA, L. C. A soberania entre a renúncia dos direitos ilimitados do contrato hobbesiano e a "*alienação* verdadeira" do pacto rousseauniano. **Revista de Ciências Humanas - Educação e Desenvolvimento Humano / UNITAU [Taubaté, SP]**, v. 9, n. 1, ed. 16, p. 115 - 130, jun. 2016 [*Políticas Educacionais*].

ROSA, L. C. M. A lei natural, o direito de propriedade e a coexistência das liberdades: individualismo moderno e liberalismo político no contratualismo de Locke. **Revista Opinião Filosófica [Porto Alegre, RS]**, v. 7, n. 1, p. 303-332, jun. 2016 [*"Dead Dogs Never Die: Hegel and Marx"*].

ROSA, L. C. M. da. A soberania entre a renúncia dos direitos ilimitados do contrato hobbesiano e a *"alienação verdadeira"* do pacto rousseauniano. **Akrópolis – Revista de Ciências Humanas da UNIPAR [Umuarama, PR]**, v. 24, n. 1, p. 71-84, jan./jun. 2016.

MARIANO DA ROSA, L. C. A lei natural, o direito de propriedade e a coexistência das liberdades: individualismo moderno e liberalismo político no contratualismo de Locke. **Filosofando: Revista Eletrônica de Filosofia da UESB [Vitória da Conquista, BA]**, v. 3, n. 2, p. 54-75, jul./dez. 2015.

ROSA, L. C. M. da. Do projeto crítico kantiano: os direitos da razão entre a *lógica da verdade* e a *lógica da aparência*. **Revista Cadernos do PET Filosofia / UFPI [Teresina, PI]**, v. 6, n. 12, p. 76-91, jul./dez. 2015.

MARIANO DA ROSA, L. C. A vontade geral como condição para o exercício da soberania popular em Jean-Jacques Rousseau. **Revista Sociais e Humanas – UFSM [Santa Maria, RS]**, v. 28, n. 2, p. 9–23, mai./ago. 2015.

ROSA, L. C. M. da. Determinismo e liberdade no processo de construção do conhecimento: da condição humana *entre os muros da escola*. **Revista da Faculdade de Educação da UNEMAT [Cáceres, MT]**, v. 23, n. 1, ano 13, p. 75-97, jan./jun. 2015.

MARIANO DA ROSA, L. C. Do sistema educacional e o desafio da fundação de um novo homem entre a organização científico-técnica e a formação econômico-social. **Cadernos Zygmunt Bauman / UFMA [São Luís, MA]**, v. 5, n. 10, p. 19-41, 2015 [O *ciberpajé e a tecnociência*].

MARIANO DA ROSA, L. C. Da vontade geral como condição para o exercício da soberania popular em Jean-Jacques Rousseau. **Problemata: Revista Internacional de Filosofia [*International Journal of Philosophy*] / UFPB [João Pessoa, PB]**, v. 6, n. 2, p. 151-177, 2015.

MARIANO DA ROSA, L. C. Do sistema de conhecimento de Descartes: o "eu" como "coisa em si" e a "consciência da consciência". **Revista Filosofia Capital – RFC [Brasília, DF]**, v. 10, n. 17, p. 39-58, jan./dez. 2015 [*Ética e Noética da Transcendência: fenômenos da consciência, da vida, da morte e do espírito!*].

ROSA, L. C. M. Da vontade geral como condição para o exercício da soberania popular em Jean-Jacques Rousseau. **Revista Latitude da UNIFAL [Maceió, AL]**, v. 9, n. 1, p. 99-130, 2015.

MARIANO DA ROSA, L. C. Do sistema de conhecimento de Descartes: o "eu" como "coisa em si" e a "consciência da consciência". **Revista Húmus / UFMA [São Luís, MA]**, v. 5, p. 2-31, 2015.

ROSA, L. C. M. Do projeto crítico kantiano: os direitos da razão entre a *lógica da verdade* e a *lógica da aparência*. **Studia Kantiana [Natal, RN]**, n. 17, p. 5-26, dez. 2014.

MARIANO DA ROSA, L. C. Do direito de ser homem: da alienação da desigualdade social à autonomia da sociedade igualitária na teoria política de Jean-Jacques Rousseau. **PRACS: Revista Eletrônica de Humanidades do Curso de Ciências Sociais da UNIFAP [Macapá, AP]**, v. 7, n. 2, p. 109-133, jul./dez. 2014 [*Temas e Debates das Humanidades Contemporâneas*].

MARIANO DA ROSA, L. C. Do projeto crítico kantiano: os direitos da razão entre a *lógica da verdade* e a *lógica da aparência*. **Revista Opinião Filosófica [Porto Alegre, RS]**, v. 5, n. 2, p. 85-109, 2014 [*Filosofia & Interdisciplinaridade*].

MARIANO DA ROSA, L. C. Da vontade geral como condição para o exercício da soberania popular em Jean-Jacques Rousseau. **Revista de Ciências Humanas – Educação e Desenvolvimento Humano / UNITAU [Taubaté, SP]**, v. 7, n. 2, p. 205-232, jul./dez. 2014 [*Multiplicidade, Contextos e Interdisciplinaridade*].

MARIANO DA ROSA, L. C. Schopenhauer e Nietzsche: do dualismo metafísico ao princípio da unidade-múltipla. **Revista Húmus / UFMA [São Luís, MA]**, v. 4, n. 12, p. 59-76, 2014 [*Pluralidade e Diferença*].

MARIANO DA ROSA, L. C. Mito e filosofia: do *homo poeticus*. **Saberes: Revista Interdisciplinar de Filosofia e Educação / UFRN [Natal, RN]**, v. 1, n. 10, p. 36-65, nov. 2014.

MARIANO DA ROSA, L. C. Schopenhauer e Nietzsche: do dualismo metafísico ao princípio da unidade-múltipla. **Revista Filosofia Capital – RFC [Brasília, DF]**, vol. 9, p. 85-98, 2014 [*Edição Especial: Concepções acerca da Verdade: Subjetividade, Educação e Multidimensionalidade*].

MARIANO DA ROSA, L. C. Do bem comum da visão platônico-aristotélica à lógica hobbesiana do contrato social (da ordem mecânica da matéria à ordem final da vontade). **Revista Filosofia Capital - RFC [Brasília, DF]**, vol. 9, n. 16, p. 58-75, jan./dez. 2014 [*A Razão Refletida: Modernidade na Ciência, na Ação, no Direito Natural e seus reflexos na Cultura Contemporânea*].

MARIANO DA ROSA, L. C. Da autoprodução da razão (do absoluto), a chave do devir e a condição humana. **Cognitio-Estudos: Revista Eletrônica de Filosofia -**

O Direito de Ser Homem   Luiz Carlos Mariano da Rosa

Philosophy Eletronic Journal / Centro de Estudos de Pragmatismo / PUC-SP [São Paulo, SP], v. 11, n. 1, p. 68-85, 2014.

MARIANO DA ROSA, L. C. O direito de ser homem: da alienação da desigualdade social à autonomia da sociedade igualitária na teoria política de Jean-Jacques Rousseau segundo a perspectiva do materialismo histórico e dialético.

Revista Portuguesa de Ciência Política - *Portuguese Journal of Political Science* / Observatório Político - Associação de Investigação em Estudos Políticos [Lisboa, Portugal], n. 3, p. 11-24, 2013 [*I. Do Humanismo*].

MARIANO DA ROSA, L. C. Da educação inclusiva: das diferenças como possibilidades (da teoria à prática). Revista Zero-a-Seis / UFSC [Florianópolis, SC], v. 15, n. 28, p. 12-33, jul./dez. 2013.

ROSA, L. C. M. Maquiavel e Weber: a lógica do poder e a ética da ação - o "príncipe-centauro" e o "homem autêntico". Revista de Ciências Humanas / UNITAU [Taubaté, SP], v. 6, n. 1, p. 120-143, 2013.

MARIANO DA ROSA, L. C. Da autoprodução da razão (do absoluto), a chave do devir e a condição humana. **Revista Tecer / Centro Universitário Metodista Izabela Hendrix [Belo Horizonte, MG]**, v. 6, n. 10, p. 31-50, mai. 2013.

DA ROSA, L. C. M. Do bem comum da visão platônico-aristotélica à lógica hobbesiana do contrato social (da ordem mecânica da matéria à ordem final da vontade). **Revista Opinião Filosófica [Porto Alegre, RS]**, v. 4, n. 1, p. 267-298, 2013 [*Normativismo e Naturalismo*].

MARIANO DA ROSA, L. C. Maquiavel e Weber: a lógica do poder e a ética da ação – O "príncipe-centauro" e o "homem autêntico". **Opsis - Revista da Unidade Acadêmica Especial História e Ciências Sociais / UFG / Regional Catalão [Catalão, GO]**, v. 13, n. 1, p. 180-199, 2013 [*Dossiê Linguagens, Tecnologias da Informação e Ensino de História*].

ROSA, L. C. M. Educação inclusiva: diferenças como possibilidades (da teoria à prática). **Poiésis - Revista do**

Programa de Pós-Graduação em Educação / UNISUL [Tubarão, SC], v. 7, n. 12, p. 324-346, 2013.

ROSA, L. C. M. Do bem comum da visão platônico-aristotélica à lógica hobbesiana do contrato social (da ordem mecânica da matéria à ordem final da vontade). **Revista Aurora / UNESP [Marília, SP)**, v. 7, p. 81-102, 2013 [*Edição Especial / Dossiê: Filosofia*].

MARIANO DA ROSA, L. C. Literatura e religião: entre o tudo-dizer e o nada-dizer [do poder-ser]. **Revista Tecer / Centro Universitário Metodista Izabela Hendrix [Belo Horizonte, MG]**, v. 5, n. 8, p. 48-60, 2012.

MARIANO DA ROSA, L. C. Literatura e religião: entre o tudo-dizer e o nada-dizer (do poder-ser). **Revista Ciências da Religião – História e Sociedade / Programa de Pós-Graduação em Ciências da Religião do Centro de Educação, Filosofia e Teologia (CEFT) da Universidade Presbiteriana Mackenzie [São Paulo, SP]**, v. 10, n. 1, p. 163-184, 2012.

MARIANO DA ROSA, L. C. Da educação inclusiva: das diferenças como possibilidades (da teoria à prática). **Revista Lentes Pedagógicas / Faculdade Católica de Uberlândia [Uberlândia, MG]**, v. 2, n. 1, p. 2-20, 2012 [*Dossiê infância, fundamentos e práticas pedagógicas: inclusão e superação*].

MARIANO DA ROSA, L. C. Da educação inclusiva: das diferenças como possibilidades (da teoria à prática). **Revista Lugares de Educação / UFPB [Bananeiras, PB]**, v. 2, n. 3, p. 78-97, 2012 [*Multitemático*].

ROSA, L. C. M. Maquiavel e Weber: a lógica do poder e a ética da ação - o "príncipe-centauro" e o "homem autêntico". **Revista da Católica: Ensino - Pesquisa - Extensão / Faculdade Católica de Uberlândia [Uberlândia, MG]**, v. 4, n. 8, p. 3-23, 2012 [*Filosofia*].

ROSA, L. C. M. Da autoprodução da razão (do absoluto), a chave do devir e a condição humana. **Revista Semina: Ciências Sociais e Humanas / UEL [Londrina, PR]**, v. 33, n. 2, p. 147-162, 2012.

MARIANO DA ROSA, L. C. Os ídolos da caverna e a sociedade contemporânea: do narcisismo biopsicocultural. **Revista Filosofia Capital - RFC [Brasília-DF]**, v. 6, n. 13, p. 77-85, 2011 [*Miscelânea Filosófica em um Contexto Existencial*].

MARIANO DA ROSA, L. C. Da "revolução copernicana" (do verdadeiro "idealismo transcendental"). **Revista Intuitio / Programa de Pós-Graduação em Filosofia da PUC-RS [Porto Alegre, RS]**, v. 4, n. 1, p. 117-133, 2011.

MARIANO DA ROSA, L. C. Da "revolução copernicana" (do verdadeiro "idealismo transcendental"). **Revista Opinião Filosófica [Porto Alegre, RS]**, v. 2, n. 2, p. 34-51, 2011 [*Kant: Política e Epistemologia*].

MARIANO DA ROSA, L. C. A vela e o caminho (da construção coletiva do saber). **Revista Teias / Programa de Pós-Graduação em Educação - ProPEd / UERJ [Rio de Janeiro, RJ]**, v. 12, n. 25, p. 238-258, mai./ago. 2011 [*Ética, Saberes & Escola*].

MARIANO DA ROSA, L. C. Popper e a objetividade do conhecimento científico: a ciência provisória e a verdade temporária. **Cognitio-Estudos: Revista Eletrônica de Filosofia - Philosophy Eletronic Journal / Centro de Estudos de Pragmatismo / PUC-SP [São Paulo, SP]**, v. 8, n. 1, p. 17-28, jan./jun. 2011.

MARIANO DA ROSA, L. C. Do mistério do ser - entre o pensador e o poeta [do *da-sein*]. **Poros – Revista de Filosofia / Faculdade Católica de Uberlândia [Uberlândia, MG]**, v. 3, n. 5, p. 1-21, 2011.

ROSA, L. C. M. Do mistério do ser - entre o pensador e o poeta [do *da-sein*]. **Revista Filosófica São Boaventura / Fae – Centro Universitário / Instituto de Filosofia São Boaventura [Curitiba, PR]** v. 4, n. 2, p. 77-100, jul./dez. 2011.

MARIANO DA ROSA, L. C. Da educação: do jogo sociocultural e a inter-relação envolvendo *modus vivendi* e *modus essendi*. **Acta Scientiarum. Education / UEM [Maringá, PR]**, v. 33, n. 2, p. 211-218, July-Dec./2011 [História da Educação].

MARIANO DA ROSA, L. C. Da educação: do jogo sociocultural e a inter-relação envolvendo *modus vivendi* e *modus essendi*. **Múltiplas Leituras / Faculdade de Humanidades e Direito – UMESP [São Paulo, SP]**, v. 4, n. 2, p. 9-23, 2011 [*Dossiê: Violência e Educação*].

ROSA, L. C. M. A teoria analítica da ciência e a dialética aristotélica. **Revista Seara Filosófica / UFPel [Pelotas, RS]**, v. 4, p. 91-119, 2011.

MARIANO DA ROSA, L. C. Do "vir-a-ser" nietzschiano [Do "instinto natural filosófico"]. **Revista Partes [São Paulo, SP]**, v. 11, p. 1, 2011 [*Cultura*].

DA ROSA, L. C. M. Os ídolos da caverna e a sociedade contemporânea: do narcisismo biopsicocultural. **Cadernos Zygmunt Bauman / UFMA [São Luís, MA]**, v. 1, n. 2, p. 71-80, Jul. 2011 [*Ética, moral e pós-modernidade*].

DA ROSA, L. C. M. Da essencialização da realidade. **Revista Filosofia Capital – RFC [Brasília-DF]**, v. 4, n. 8, p. 46-57, 2009 [*A Condição Humana em Processo de Mutação*].

DA ROSA, L. C. M. Niilismo pós-orgíaco. **Revista Filosofia Capital** – RFC [Brasília-DF], v. 4, p. 59-76, 2009 [*Edição Especial: A Vida é Inevitavelmente Agora!*].

DA ROSA, L. C. M. Autoformação (do "homem completo"). **Revista Filosofia Capital** - RFC [Brasília-DF], v. 4, n. 9, p. 20-35, 2009 [*A Presença da Filosofia no Fazer Humano!*].

MARIANO DA ROSA, L. C. Autoformação (do "homem completo"). **Revista Entreideias: educação, cultura e sociedade** / FACED – UFBA [Salvador, BA], v. 14, p. 87-103, 2008.

WEBSITES & SOCIAL LINKS DO AUTOR

CNPq [Luiz Carlos Mariano da Rosa]:

http://lattes.cnpq.br/0084141477309738

ORCID [Luiz Carlos Mariano Da Rosa]:

http://orcid.org/0000-0001-7649-2804

ResearchGate [Luiz Carlos Mariano Da Rosa]:

http://www.researchgate.net/profile/Mariano_Luiz_Carlos

Semantic Scholar/Profile 1 [Luiz Carlos Mariano da Rosa]:

https://www.semanticscholar.org/author/Luiz-Carlos-Mariano-da-Rosa/145051332?sort=influence&fbclid=IwAR2B2G-5PtDDY-iO4_WxRjgzKonySDta7YZ75M3QILBdarhUXDDIIGuYf9I

Semantic Scholar/Profile 2 [Luiz Carlos Mariano da Rosa]:

https://www.semanticscholar.org/author/Luiz-Carlos-Mariano-da-Rosa/134330005?sort=influence&fbclid=IwAR07268G-nB8AXcSzOWA7Q3I6lOkoOvlsJYZBAJU5F5UxTR3S2Sx QO9f-Kc

Publons [Luiz Carlos Mariano da Rosa]:

https://publons.com/researcher/1911395/luiz-carlos-mariano-da-rosa/

PhilPapers [Luiz Carlos Mariano da Rosa]:

https://philpeople.org/profiles/luiz-carlos-mariano-da-rosa

REDIB - Red Iberoamericana de Innovación y Conocimiento Científico [Luiz Carlos Mariano da Rosa]:

https://redib.org/Search/Results?type=Author&lookfor=%22luiz+carlos+mariano+da+rosa%22&limit=20

Acta Académica [Luiz Carlos Mariano Da Rosa]:

https://www.aacademica.org/marianodarosa.luizcarlos

Academia.edu [Mariano Da Rosa (Luiz Carlos)]:

http://ucam-br.academia.edu/MarianoDaRosaLuizCarlos

Google Acadêmico/Google Scholar [Luiz Carlos Mariano da Rosa]:

https://scholar.google.com/citations?hl=pt-PT&user=IwvxyawAAAAJ

WorldCat [Luiz Carlos Mariano da Rosa]:

https://www.worldcat.org/search?q=luiz+carlos+mariano+da+rosa&fq=ap%3A%22mariano+da+rosa+luiz+carlos%22&dblist=638&start=1&qt=page_number_link

Globethics.net [Luiz Carlos Mariano da Rosa]:

https://repository.globethics.net/discover?scope=%2F&query=%22luiz+carlos+mariano+da+rosa%22&submit=&rpp=10&view=list

Google Books [Luiz Carlos Mariano Da Rosa]:

https://www.google.com.br/search?q=inauthor:%22Luiz+C
arlos+Mariano+Da+Rosa%22&hl=pt-
BR&tbm=bks&sxsrf=ALeKk026VWNSO-
SmmG2pwoYFLRt1ohsbAw:1615235446539&ei=dolGYL
O7IOOy5OUPuNqNoAI&start=0&sa=N&ved=0ahUKEw
izzpP4xKHvAhVjGbkGHThtAyQ4ChDy0wMIRw&biw=1
536&bih=775&dpr=1.25

Escritores.org [Luiz Carlos Mariano da Rosa]:

http://www.escritores.org/libros/index.php/item/luiz-
carlos-mariano-da-rosa

**Blog Prof. Mariano Da Rosa Educação, Filosofia e
Teologia [Mariano Da Rosa, Luiz Carlos]:**

https://professormarianodarosa.blogspot.com/

Polikón Ioon Publicações

www.ingramcontent.com/pod-product-compliance
Lightning Source LLC
Chambersburg PA
CBHW052044090426
42739CB00010B/2048